**Relinking
with the world**

爱上北外滩·睁眼看世界

熊月之 主编

赴 日

Study in Japan

翟海涛 著

上海人民出版社 学林出版社

本书获虹口区宣传文化事业专项资金扶持

编纂委员会

主　任
　吴　强　陈筱洁

主　编
　熊月之

委　员
　苏　丽　冯谷兰（执行）　季建智　吴　斌　金一超

撰　稿
　翟海涛

策　划
　虹口区地方志办公室

序

言

一部中国近代留学史,大半部与上海有关。近现代中国的留学生无论是留学欧洲,还是美国、日本、苏俄,大多数从上海出发。无论是出国学习自然科学、人文社会科学还是工程技术、管理科学,归国后很多留在上海发展。上海成为与留学文化高度关联的城市。近代上海虹口,为上海国际客运码头集中地、外国领事馆相对集中地,也是很多留学生归国的创业园,因此成为上海各城区中与留学文化关联度很高的地区。从留学与城市关系的角度,剖析近代上海特别是虹口的文化底蕴,对于解读上海的城市精神、城市品格,具有特别的价值。

一

见贤思齐是人类文明演进的积极因素。留学是见贤思齐的有效路径,是不同文化之间进行交流的普遍现象,无论在东方西方,均历史悠久,内涵丰富。古希腊时期,巴尔干半岛的雅典学院,就以其灿烂的文化,吸引了邻近的亚平宁半岛与小亚细亚半岛的青年学子前来留学。那以后,古罗马时期、中世纪时期与文艺复兴时期,留学一直是欧洲普遍现象,亚历山大、君士坦丁堡、罗马、巴黎等城市,都曾是重要的留学目的地。在东亚,魏晋以后、中唐以前,因佛教东传,中国西行印度求法的僧人,络绎不绝,至少有190人,东晋法显与唐代玄奘是其中翘楚。隋唐时期,日本学生多次随遣唐使来到中国,留在中国,学习中国文化与佛学,有的历时达二三十年。宋元时期延续了这一传统。到了近代,随着全球化速度持续提升,留学运动以更大的规模、更高的频率在全世界范围内展开,日益成为国际文化交流的常态,但若论规模之宏大、人数之众多、地域之广泛、影响之深远,则以中国为最。

近代中国留学以目的地而论,可分美国、日本、苏俄与欧洲国家。以路径而论,可分政府主导与民间主导两大类,政府主导包括官派公费、庚款留学等;民间主导包括私人自费、教会资助、企业或富者资助、党派组织、勤工俭学等。以时段而论,可分洋务运动时期、清末时期、民国初期与五四运动以后。

近代中国第一波留学高潮是在洋务运动时期。清政府接连在两次鸦片战争中惨遭失败,被迫对外开放通商口岸,被迫同意外国使臣驻京,被迫卷入世界资本主义秩序,被迫走上学习西方的自强道路,包括开办同文馆、向外国派出使臣、仿造坚船利炮、兴办近代企业等。与此相适应,陆续向

言

美国与欧洲国家派遣留学生。1872年至1875年,由容闳倡议,得曾国藩、李鸿章鼎力支持,清政府先后派出四批共120名幼童赴美国留学。这是清政府首次官派如此多学生留美。1876年,李鸿章奏准由福建船厂学生及艺徒30名赴英、法两国,学习制造与驾驶,正式开始中国官派留学欧洲的历史。1881年,李鸿章又奏准一些船厂学生赴英、法学习。

近代中国第二波留学高潮,始于甲午战争失败以后,到辛亥革命以前。清政府在甲午战争中被蕞尔岛国日本打败,举国震惊,单学船炮以强国的迷梦至此破灭。研究日本、学习日本的热潮由此兴起。日本明治维新成功的一条重要经验,便是向欧美大量派遣留学生。日本与中国,一衣带水,情势相类,风俗相近,路近费省,于是,向日本派遣留学生成为朝野共识。1896年,清政府向日本派遣首批留学生13名,各省地方政府也陆续派遣学生赴日,到1899年,已有200余人。庚子事变后,清政府广开新政,奖励工商,废除科举,鼓励留日,并宣示预备立宪,各种官派留日、自费留日风起云涌,1903年达1000人,1906年高达7000—8000人。此后,鉴于留日学生中留而不学、鱼龙混杂等问题,中日两国政府联手对留学资格、招生学校做了限制,留日势头有所遏抑。即使如此,到1909年,中国留日学生仍有3000多人。估计清末十余年间,中国留日学生总数在2万人以上。[1]民国成立以后,特别是1913年"二次革命"爆发以后,由于多种因素的综合作用,中国学生留日再掀高潮,1914年有

5000 多人。据估算,北洋政府时期,中国留日人数在 2 万人左右,仍居各国留学人数之首。[2]

近代中国第三波留学高潮,是清末与民国时期留学美国与欧洲国家,延续时间较长。鉴于大批中国学生留日,美国感到必须与日本争夺中国留学资源,以扩大美国对中国的文化影响。1908 年,美国国会通过议案,决定将其超过侵华战争实际损失的一千多万美元的庚子赔款退还给中国,作为中国向美国派遣留学生的经费。翌年,清政府成立游美学务处,主管考选学生、建设学堂,选任游美学生监督及内外各处往来文件等事。1909 年、1910 年和 1911 年,游美学务处分三批招考,第一批录取金邦正、梅贻琦等 47 人,第二批录取赵元任、胡适等 70 人,第三批录取梅光迪、张福运等 63 人,三批共 180 名学生,年龄都在 20 岁上下。1911 年,作为留美预科的清华学堂正式成立(后相继更名为清华学校、国立清华大学)。1912 年清朝覆灭,民国建立,革故鼎新,但“庚款留学”继续进行。1925 年,中国在美留学生总数达 2500 人。以后有所起伏,但整体持上扬态势,1949 年达 3797 人[3],为近代留美人数之巅。

清末民国时期,留欧也较前有很大发展。1900 年至 1911 年,中国向英、法、比等国,相继派遣留学生 1001 人,其中英国 315 人,法国 107 人,德国 83 人,比利时 250 人。[4]民国时期,英、法等国效仿美国前车之路,相继与中国订立协定,退还应付赔款。中国政府利用此款,向英、法等国派

言

遣了部分留学生。

近代中国第四波留学高潮,是留法勤工俭学。出洋留学,费用昂贵,并非普通家庭所能承担。考取官费留学者,绝少出自普通家庭,且大多出自江浙等地富庶人家。鉴此,清末民初,李石曾、蔡元培等留欧先行人士,发起组织留法俭学会,鼓励国内青年赴法勤工俭学,一边打工,一边求学。法国政府对此热诚欢迎,予以配合。从 1919 年 3 月 17 日第一批 89 名启程离沪,到 1921 年 11 月 13 日 104 名勤工俭学生被遣返回国,前后不到 3 年时间,先后有近 2000 名中国青年抵达法国。他们来自全国 19 个省份,内以四川(472人)、湖南(356 人)人数最多,包括蔡和森、向警予、邓小平、聂荣臻、陈毅、赵世炎、王若飞等。[5] 以勤工俭学方式出国留学,是中国留学史上一大创举,使留学人选从沿海扩展到内地,从富庶家庭扩展到贫寒子弟,放低了留学门槛,降低了留学成本,也加大了四川、湖南等地进步青年与上海城市的联系。

近代中国第五波留学高潮,是留学苏俄。共产国际高度重视在远东各国培养领导干部。1921 年 4 月,苏俄在莫斯科成立东方劳动者共产主义大学,简称东方大学,设国内班与外国班,外国班分中国班、日本班、朝鲜班、伊朗班等,费用由共产国际承担。1921 年,中国班学生有 36 人,到 1923 年增加到 52 人。这些中国学生主要来自两个方面:一是上海社会主义青年团选送,如刘少奇、任弼时、萧劲光、罗亦农、汪寿华等；一是留法勤工俭学生转道而来，如赵世炎、王若飞、刘伯坚、陈延年、陈乔年、聂荣臻、萧三、李富春、蔡畅等。1924 年，国共两党合作成功。1925 年，苏联在莫斯科建立中国劳动者孙逸仙大学（简称中山大学），招收中国国民党与中国共产党骨干入学。蒋经国与邓小平等都是中山大学的学生。1927 年蒋介石叛变革命后，国民党停止选送学生留苏，中山大学的国民党学生也撤回国内，此后中山大学的学生全为中国共产党所派。1928 年，东方大学中国班并入中山大学，中山大学改名为中国共产主义劳动大学，直到 1930 年秋停办。1925 年至 1930 年，在中山大学和中国共产主义劳动大学留学过的国共两党学生，总计在 1300 人以上。[6]

与政府选派、政党组织成规模的留学相一致，较为零散的民间留学也很发达。从清初到鸦片战争以前，陆续有零星天主教信徒随传教士西航欧洲，留学教廷所在地梵蒂冈。1645 年随传教士赴梵蒂冈的广东香山人郑玛诺，被认为是中国最早留学欧洲的基督教留学生。1645 年到 1840 年，中国赴欧洲的基督教留学生共有 96 人。[7]鸦片战争以后，这一留学通路仍在延展，特别是与基督新教相关的留学异军突起。1847 年，容闳、黄胜、黄宽等 3 人，随美国传教士鲍留云（一译布朗）赴美留学，开启了基督新教系统学生留美的历史，也开启了近代中国民间留学的历史。随着时间的推移，民间留学规模不断壮大，目的地更为多元，诸如颜永京

1854 年随美国传教士赴美,留学美国俄亥俄州建阳学院;舒高第 1859 年随美国传教士赴美,后获医学博士学位;何启 1872 年赴英国留学,后获医学硕士学位;辜鸿铭自 1873 年起先后留学英国、德国,获博士学位;伍廷芳 1874 年留学英国,后获法学博士学位;宋耀如获教会支持,1881 年起,在北卡罗来纳州圣三一学院等多所学校留学。据不完全统计,1861 年至 1895 年,中国民间留学欧美的学生约 80 人。[8] 甲午战争以后,特别是兴办新政以后,民间留学人数急遽增多。以留日学生而论,自费生大体占 40%—50%。[9] 民国时期,民间留学更胜于前。据 1924 年《留美学生录》统计,留美 1637 名学生中,自费为 1075 人,占总数近三分之二。[10] 这些民间留学的费用,有的来自家庭,有的来自教会,有的来自相关学校的奖学金,有的来自具有公益精神的资本家资助。民国时期,有"棉纺大王"之称的资本家穆藕初曾资助罗家伦等 5 人留学,有"烟草大王"之称的简照南曾连续 3 年共资助 37 名学生留学。周恩来留学法国的经费来自南开大学的"范孙奖学金"。

近代中国一波又一波的留学热潮,虽时起时伏,波涛汹涌,但总体上奔流而下,呼啸向前。这是中华民族觉醒的表现,也是中国走向世界的步伐。以两次鸦片战争、甲午战争为重要标志与转折关节点,曾经雄踞世界东方的大清帝国急速地、无可奈何地走向衰落,绵延几千年之久的中国文化,遭遇到西方文化空前猛烈的冲击。日趋深重的民族危机,唤起了一批又一批不甘沉沦的志士仁人的觉醒。他们开眼看世界,学习新知识,寻找新出路,留学就是看世界、学新知、找出路的具体实践。上述五波留学浪潮,恰好与近代中国历史前进的步伐呼应关联,幼童留美、艺徒留欧,对应的是洋务运动;19世纪末20世纪初的留日大潮,对应的是维新与革命,而庚款留学与五四以后留学苏俄,对应的是那个时代的知识精英对于民族前途的新的思考与探索。正如李新先生所概括:

> 一百多年来一浪一浪的留学运动充分地说明:中华民族一部分勇敢、优秀的儿女们,一直在挣脱妄自尊大、闭关锁国的束缚,艰难而又坚决地走向世界!在此意义上,留学运动的发生和留学生群体的崛起,就不仅仅是救亡所能包括,实际上它是中国社会从传统向现代转型嬗变过程中迈出的最初一步,而他们正是一支新兴的、特殊的先导力量。[11]

近代中国留学欧美与日本、苏俄等地的总人数,累计超过10万人[12],其规模宏大,影响广泛、深邃与久远,均为同时代世界之最。如此众多的留学生,就个体而言,其成就与表现自然千差万别,形态各异,但作为整体,则有鲜明的共同特点。

其一,崇高的爱国精神。他们远离祖国,辛苦治学,学成以后,忠心报国。容闳学成以后,不愿留在美国发展,不愿意当传教士,回国后也不愿做买办,而是不辞辛劳地奔波于实业救国、教育救国的路上,并有力推动晚清官派留学的起步。这是成千上万留学生学成报国的典范。至于李大钊、周恩来、邓小平等一大批共产党人留学报国的事迹,我们早已耳熟能详。

其二,杰出的学术成就。就学科而言,无论是自然科学、人文社会科学、工程技术,还是管理科学,就人才而论,政治、军事、外交、经济、法学、教育、科学、文学、艺术等领域,如果撇开留学生的贡献,撇开留学的影响,都不可思议。1926年,舒新城便说过:中国高等教育界之人员,"十分之九以上(据民国十四年东南大学、北京师大同学录)为留学生",民国以来中国学者在地质调查、物理研究方面所取得的为国际学术界承认的成就,全部出自留学生,"高等以上学校之科学教师,更无一非留学生"[13]。1931年出版的《当代中国名人录》,收录教育界名人1103位,其中留学出身的904人,占82%。[14] 1948年,中央研究院评选全国第一批院士,经反复筛选,最后入选者凡81人,其中数理组、人文组各28人,生物组25人。此81人中,接受过留学教育的凡77人,占95%。没有留学经历而入选院士的仅4人,全在人文组。[15] 这充分说明留学教育对于中国学术的全局性、决定性影响。

二

近代中国留学史早已成为专门的学问,各种留学通史、专史,包括国别留学史、专业留学史、留学人才史,佳作迭出,目不暇接。这套丛书关注的重点,是以往研究不大关注,或关注较少的领域,即近代留学与上海的关联,特别是与虹口的关联。

梳理近代中国留学史,可以发现一个突出的现象,即相当多的留学生与上海有关联。这种关联有两个方面,一是他们出发与归国的口岸,大多是上海;二是他们留学以前与回国以后,相当多人与上海有关。正是这两个方面的内涵,彰显了上海城市的特点与地位。

近代中国留学海外,绝大多数是从上海出发的,也是经上海归国的。这首先因为,上海很早就成为中国的远洋交通枢纽、远洋客运中心。

上海位于中国南北海岸线的中点,长江东流入海的终点,两点叠加,使得上海航运优势无可比拟。在主要以轮船为国际、国内载客工具的前飞机时代,上海正好处于内河航运与海洋航运两大网络的连接点上。

内河航运方面,1860年以后,西方列强通过《天津条约》与《北京条约》等不平等条约,强迫中国开放长江及沿江城市,包括汉口、九江、南京与镇江4个沿江城市。据此,外国军舰、商船可以驶入长江和各通商口岸。1876年,英国借口马嘉理事件,逼迫清政府签订中英《烟台条约》,规定将宜昌、芜湖等增添为通商口岸,大通等众多城市为外轮停泊码头,安庆、沙市等成了准通商口岸。1890 年中英签订《烟台条约续增专条》,将重庆添列为通商口岸。1895 年签订的中日《马关条约》,规定沙市、重庆、苏州、杭州等为通商口岸,日本轮船可以驶从湖北省宜昌溯长江以至四川省重庆府,从上海驶进吴淞江及运河以至苏州府、杭州府,附搭行客、装运货物。到 19 世纪末,从上海到重庆已全线通航轮船,长江成为全国最为繁忙的运输通道。内河轮船航运网络的形成,极大地便利了长江流域有志留学的青年向上海流动。

远洋航运方面,上海位于那些往来于北美西海岸和日本、中国、东南亚之间的轮船所遵循的世界环航线路最近点之西不满一百英里的地方,所有西太平洋主要商业航道,都在那里汇合。中国远洋航线以香港与上海为中心,香港为欧亚航运中心,上海为东亚与中国海运中心。航行到欧洲、美洲、澳大利亚以及南洋等外洋的轮船,大多数经过香港与上海。进入 20 世纪后,中国的远洋航路,以大连、上海、厦门、香港 4 个口岸为据点,上海适居中心位置。就航运距离而论,上海到西欧与美国东部港口,大约相等。上海处于远东航运的焦点位置和大西洋欧洲与美洲的中间位置,航运区位优势显著。

鸦片战争以后,西方列强抢先开通了到上海的远洋航线。1844 年,有 44 艘次外国商船进入上海港。1845 年,美国商船驶入上海港,将美国至横滨的航线延伸至上海。1849年,进入上海港的外国商船达 133 艘次。1850 年,大英轮船公司开辟香港至上海的航线。此后,法国、德国、日本等国商船也都开辟了至上海的远洋或近洋航线。此后,航线越来越密集,航班越来越多。1873 年,中国第一家轮船航运企业轮船招商局在上海成立,派船航行日本、美国、东南亚和西欧等地,运货载客。到 20 世纪 20 年代,上海已成为世界级著名客运港口,从上海直达伦敦、马赛、汉堡、新加坡、旧金山、西雅图、温哥华、檀香山、神户等的航线,都有定期客轮,且每条航线都有好几家轮船公司经营,相互竞争。

与航线发达、航班众多相适应,上海港码头建设不断发展。到 1870 年,虹口境内黄浦江岸建有汇源、怡和、旗记、伯维船坞、顺泰、海津关、同孚、虹口、耶松船坞、耶松船厂、宝顺、仁记等十几个外商码头和船厂。到 20 世纪初,上海港已有 5 个码头可以停靠国际客船,分别是公和祥码头、太古码头、日本邮船会社三菱码头、亨宝洋行码头与宝隆洋行码头,虹口沿黄浦江地带已是上海最为繁忙的外洋客运中心。

出国留学是一项牵涉面众多的复杂工程,除了轮船、码头等硬件设施,还有管理、服务等许多软件需求,特别是留学预备工作,如出国前的培训、出国手续办理、服装置办与信息咨询等,都对离岸城市有所要求。近代上海在这些方面都在国内领先。

先看最早的留美幼童出国前的准备。1872—1875 年,清政府分四批共派 120 名幼童留学美国。这些幼童就籍贯而言,广东籍 84 人,占 70%;其余是江苏籍 21 人,浙江、安徽、福建、山东籍各有 1 到 8 人不等,广东籍占了三分之二以上。如果从航行距离考虑,从香港出发最合理,其时香港已有通往美国的航线。但是,这四批学生,不是从香港出发的,而是从上海出发的,原因在于,留学不同于简单的跨国旅行,不是买了船票、提了行李即可登船出发的,事先要有出国培训,包括中英文强化训练、官府训话、外国礼仪须知等教育。为此,清政府在上海设立西学局,建立出洋预备学校,聘请专门教师,负责此事。出国前培训,相当严格。相关章程规定:无事不准出门游荡,擅行私出三次者即除名撤退,争闹喧哗、不守学规、慢视教令、屡戒不改者,亦予以除名。学校规定:"夏令时五六点钟起上生书一首,八点钟用点心,写字一纸,请先生讲书。十二点钟午饭。一点钟至三点钟温理熟书,文义不明者质疑问难。四五六点钟习学外国语言文字。九点钟寝息。""冬令时七点钟至九点钟课中国书籍或课古文字一篇,讲先哲格言数则。"[16] 一位幼童回忆当年在预备学校学习的情景:"他们没有网球、足球及篮球,也没有这么多假日。那时只有中国阴历年、五月端午节及八月中秋节放假。故在学校读书时间多,而游戏时间少。学校监督是一位'暴君',他力主体罚,而且严格执行。但多少年后,幼童们仍然怀念他,他们恐惧他手上的竹板,但是他强迫大家读写中文,在幼童回国后,都能致用不误。"[17] 显然,要一届又一届地连续几年实施这样的出国前培训教育,对离岸城市的师资质量、管理能力等是一项很高的要求,其时中国沿海城市只有上海能够具备。

出国培训这类工作,不光官派留学需要,有些民间自费留学也同样需要。邹容在 1901 年秋,自四川赴日本自费留学,便是先在上海停留,进入江南制造局附设的广方言馆补习日语,然后再去日本。那时,上海外语培训班多如米铺,英、日、法语均有,日后又增添了俄语,以英语为多,日校、夜校均有,费用也不贵,很多人都是先在外语培训班打下一定外语基础以后,再出国留学的。最典型的是穆藕初,他赴美国留学时已经 34 岁,此前的英文基础,都是在外语培训班打下的。

上海远洋航线多,经营公司多,航班多,适应不同层次、不同服务需求,不同价格的舱位也多,这给旅客和留学人员提供了很大的选择空间。对于大批自费留学的人来说,上海更是比较理想的离岸港。

清末民初,很多出国手续是在上海办理的,上海有很多为留学服务的专门机构。比如,留学美国的护照,晚清时由上海道台衙门办理。申请护照,大约出发前一个月,可以前往办理,其他地方的省级海关衙门也可申请,但不如上海方便。申请护照的费用,自墨洋 10 元至 24 元不等,无一定价格,如能找到署内熟人,还可便宜一些,最便宜的只需不到 6 元。领取护照以前,需改换西装,上海西装店很多;需附近照 3 张,上海照相馆也很多。申请到美国签证的地方,在上海虹口黄浦路 36 号,费用为 2.4 元墨洋。购买到美国的船票也有讲究,清末上海只有协隆洋行一家经理,地址在外滩花旗银行隔壁,需事先选好船期与舱位。到旧金山的票价,一等舱 45 英镑;特别三等舱,20 英镑;三等舱,10 英镑。如果近期有传染病流行,申请人还须经美国在沪的专门医生检疫,给予无传染病的凭单,方可成行。此美国在沪医生,住在外白渡桥堍四川路 49 号。至于出国所需备的各种用品,包括衬衣、皮鞋、领带、帽子、毛巾、剃刀之类,南京路近泥城桥有几家专门商店,可供选购,相当方便。[18] 尤其需要注意的是,轮船启航前几天,要不时地打听开船准确信息,有时因为要避开台风影响,轮船会延期启航。这样,启航前便可能要在上海多逗留一些时间。这都加大了出国准备工作的难度。

至于赴法勤工俭学,准备工作难度更高,那是自费与组织相结合,即经费由各人自己负担,但由华法教育会在各地的分会具体组织,包括报名、签证、联系船票等事宜。赴法勤工俭学的学生,籍贯以四川与湖南二省最多,都是先从家乡到成都、长沙等各自省会集中,然后汇聚上海,一起出发。从上海至马赛或巴黎,全程需时要 40 余天。船上耗时较长,途中生活用品也要有充分的准备。因此,为赴法送行,成为一项重要活动。远洋客运码头所在地虹口一带,因一批又一批赴法勤工俭学生的到来,平添很多来自各地的送行人员,也增加了很多生意。是时,虹口码头附近的客栈,全都生意兴隆,人满为患。一些学校与居民家中,也会住满候船学生与送行亲友。每逢各地大批赴法学生来沪,或者每一批留学生乘船出发,上海各界特别是各地寓沪同乡组织,都要举行隆重的欢迎会或者送别会。留学生在黄浦码头登轮起航时,码头上都会车马纷纭,送行者络绎于道,蔚为壮观。

20世纪20年代留学苏俄的中共党员、青年团员,很多人本来就在上海工作或生活,在上海外国语学社学习俄语,接受无产阶级革命基本知识教育,目标就是留学苏俄。比如,湖南籍的罗亦农,便在1919年来上海谋生,在法租界一家报馆当校对工,后来与陈独秀发生联系,进入上海外国语学社。这些学员主要来自湖南、安徽、浙江三省,都是长江流域的省份,而上海一向是这些地方人远赴海外的口岸城市。

民国时期,上海外国领事馆众多,也是上海留学文化发达的原因之一,因为领事馆是留学签证的机构。其时,留学主要目的地国家,美、英、法、德、比、日、苏俄,在上海都设有总领事馆。虹口及其附近地区,外国领事馆尤其集中,美国、日本、俄国驻沪总领事馆,都在黄浦路;德国、奥地利、荷兰驻沪总领事馆,都在或一度设在四川路。

三

近代从外国留学归来的知识分子,无论是自然科学、人

文社会科学,还是工程技术、管理科学,相当部分选择定居
上海,在上海谋求发展。

我们无法确知,究竟有多少留学生回国以后,留在上海
发展他们的事业,但可以断言的是,这个数量一定相当可
观,比例一定很高。

且以法律方面的留学人才为例。[19]据研究,自 20 世纪
20 年代至 20 世纪 30 年代末,先后在上海工作或生活的归
国法学留学生共计 374 人,其中归自东洋的 185 人,归自欧
美的 189 人。[20]他们的工作,包括做律师和在大学任教,有
不少人既当律师,也在大学里兼任教授。1936 年,全国有资
质进行法政教育的私立大学共 10 所,其中设在上海的有 4
所,即复旦、光华、大夏与沪江。[21]同年,全国私立法政专门
学校凡 7 所,其中设在上海的有 4 所,即上海法学院、上海
法政学院、正风学院与中国公学。[22]由此可见,上海在法学
教育方面,在全国几乎占了半壁江山。

在这些法政学校,归国留学生占了绝对优势。1929 年,
上海法政学院校董会有 11 人,其中 9 人是归国留学生;有
教授 38 人,其中 22 人有留学经历。1933 年,上海法政学院
有 57 位教授,有留学经历的为 41 位,没有留学的仅 16 位。
1930 年,上海法学院校董会由 24 人组成,其中 18 人有留学
经历。1933 年,持志大学法律系学历清晰的 9 位教授中,有
6 人是归国留学生。1949 年以前,复旦大学法学院学历清
晰的 28 位教授中,19 位有留学经历。[23]

以上是法学系统的情况,再看一些综合性数据。1929年,大夏大学有54位教授,其中41人有留学经历,包括30位文科,11位理科。同年,中国公学有教员36人,其中25人有留学经历。[24]

从这些并不完整的数据,我们已经可以看出留学生的巨大影响力。再看学术界一些著名人物情况。据邹振环、忻平研究,生活在上海的归国留学生很多,不胜枚举。留法归来的有陈绵、巴金、梁宗岱、黎烈文、李健吾、戴望舒、王力、周太玄、李丹等;留英归来的有陈源、吕叔湘、徐志摩、伍蠡甫等;留美归来的有胡适、穆藕初、赵元任、王造时、罗念生、唐钺、冰心、梁实秋、何炳松、余家菊、潘光旦、李安宅、章益等;留日回来的最多,如张东荪、刘文典、郭沫若、成仿吾、陈望道、李达、李汉俊、陈启修、周佛海、田汉、夏衍、张资平、谢六逸、郁达夫、周昌寿、郑贞文、刘呐鸥、傅子东、王亚南、夏丏尊、楼适夷、穆木天、王学文、杨之华、郑伯奇等;还有不少是双重留学生,如任鸿隽留学日、美,文元模留学日、德,夏元瑮留学美、德,冯承钧留学德、比,焦菊隐留学英、法,杨端六留学英、德。[25]

留学生来源地很多,但那么多人最后选择上海作为其居留地与事业发展地,是上海城市对于留学人才拉力综合作用的结果。

上海在开埠以后,发展很快,外贸方面在1853年以后就超过了广州,成为全国外贸中心。1919年,中国排在前十名的城市依次是：上海、广州、天津、北京、杭州、福州、苏州、重庆、香港、成都。其时，上海城市人口 245 万人，比第 2 名广州（160 万人）多 85 万，比第 3 名天津（90 万人）多 155 万，是第 4 名北京（85 万人）的将近三倍。1935 年，上海已是远东第一大城市、世界第五大城市。1947 年，上海人口 430 万人，排在后面的依次为：天津（171 万人）、北京（163 万人）、广州（140.3 万人）、沈阳（112.1 万人）、南京（108.5 万人）、重庆（100 万人）。[26] 上海人口是排在第二位天津的 2.5 倍，是当时首都南京的 4 倍。民国时期，上海是全国多功能经济中心（贸易、金融、工业、商业、旅游、邮电等）、多领域文化中心（教育、科学、文学、艺术、新闻、出版等），也是中国与外国文化交流的枢纽。如此巨大的经济与文化体量，现代化方面的领先程度，使得上海对于从外国归来的留学人才吸引力巨大。诚如自法国留学归来的、曾翻译都德《娜拉女郎》和司汤达《红与黑》的四川人罗玉君所说："当年离开巴黎时我就想，只要这个世界上有地方放下我的书桌，有地方出版我的译著，有年长的年轻的读者喜欢我的书，珍藏我的书，那地方就是我眷恋的……正因为如此，巴黎留不住我，欧洲留不住我，四川太凋敝也留不住我，留住我的恰恰是上海。"[27]

对于留学生集聚上海的情况，留美归来的梁实秋，在述及民国时期上海文化人才时曾写道："同时有一批批的留学生自海外归来。那时候留学生在海外受几年洋罪之后很少有不回来的,很少人在外国久长居留作学术研究,也很少人耽于物质享受而流连忘返。潘光旦、刘英士、张禹九等都在这时候卜居沪滨。"[28] 难计其数的留学生在学得现代知识以后,返棹还乡,报效祖国,放眼望去,既能发挥所学知识,尽其所学,又能过上与留洋时相差无多的物质生活与精神生活,大概上海最为理想。

虹口是近代上海留学文化极为繁盛的区域。虹口区领导一向高度重视发掘、研究近代上海留学文化,特组织相关学者编写了这套丛书。丛书按留学目的地,分为赴美、赴日、赴欧与赴苏四卷。撰稿人何方昱、翟海涛、严斌林与杨雄威,都是对相关课题素有研究的专业学者。披览丛书,尽管各卷所涉国度不同,时代有异,相关留学生所学科目各有千秋,学生结构各具特色,但丛书有以下4个共同的特点:状其概貌,完整概括各卷研究对象的总体形态,包括时代特点、留学规模与社会影响;述其历程,清晰叙述留学各地的酝酿、起步、鼎盛与终止的演变过程,以及相关阶段的特征;析其特质,论述各地留学学生结构、所学内容、留学成就等特点,解释何以如此的社会根源;聚焦上海,突出虹口,不是泛论整个近代中国留学,而是在交代清楚面上概况以后,集中讨论与上海城市特别是与虹口的关联。

如果将四卷合在一起,我们可以清楚地看出,留学美、欧、日与苏俄,都与上海特别是虹口有重要的关联,但各有各的关联,其关联的因素并不完全相同,其影响也各有不同。

　　如果将宋耀如（留美）、严复（留欧）、鲁迅（留日）、柯庆施（留苏）比较一下，就可以发现他们留学的实践，与上海的关联便很不相同。宋属民间留学，严是官派，鲁迅是考取官费，柯是组织选送。宋、严并不是从上海出发的，但他们归国以后，都与上海城市发生了重要关联。这种关联，有的看上去是自我选择的结果，如鲁迅定居在虹口；有的则明显不是，如宋定居上海，是教会安排的；严在1900年以后自天津移居上海，属形势所迫；柯来上海做市领导，则完全是组织安排。当然，即使看上去是自我选择，深究起来，也还是整个社会发展大势与城市特点在起作用。鲁迅定居上海以前，也曾居留过好几个城市，最后，他没有选择北京、广州或厦门，而是选择上海，这显然是上海特有的城市品格正好与他的需求相匹配。他之所以选择定居虹口，而不是静安寺、法租界或其他地段，也有他自己的考量，其背后仍然与上海不同区域的特点有关。

　　对于关联的影响，可以想象的空间更大。如果我们深问一下，假如当年宋耀如没有留学美国，没有定居上海，那后果会怎样？后果有无数种可能，其中一种可能是显而易见的，即上海就没有宋氏三姐妹，就没有宋氏三姐妹留美，就没有宋子文等人留美，就没有所谓的宋氏家族，那整个民国史就将重写。如果把此类想象性分析发散开去，比如落实到蔡元培、胡适、章士钊、巴金、刘海粟等人身上，那我们就会看到一个完全不一样的近代上海文化图像。历史考据的结论从来不允许假设,但历史影响的分析从来不排斥假设。当我们沿着这一思路,放飞想象的翅膀,那我们对于留学与近代上海、留学与近代虹口的意义阐释,就会广阔得多、深入得多,也有趣得多。

在这个意义上,可以说,这套书对于梳理、解析近代上海城市精神与城市品格,具有无可替代的重要价值,值得一读再读。

张月云

2023 年 2 月 18 日

注 释

1. 李喜所主编,刘集林等:《中国留学通史·晚清卷》,广东教育出版社 2010 年版,绪论,第 8 页。
2. 李喜所主编,元青等:《中国留学通史·民国卷》,广东教育出版社 2010 年版,绪论,第 2 页。
3. 王奇生:《中国留学生的历史轨迹》,湖北教育出版社 1992 年版,第 45 页。
4. 李喜所主编,刘集林等:《中国留学通史·晚清卷》,广东教育出版社 2010 年版,第 286 页。
5. 鲜于浩:《留法勤工俭学运动史稿》,巴蜀书社 1994 年版,第 58—63 页。
6. 王奇生:《中国留学生的历史轨迹》,湖北教育出版社 1992 年版,第 80 页。
7. 李喜所主编,刘集林等:《中国留学通史·晚清卷》,广东教育出版社 2010 年版,第 25 页。
8. 李喜所主编,刘集林等:《中国留学通史·晚清卷》,广东教育出版社 2010 年版,第 184—185 页。
9. 李喜所主编,刘集林等:《中国留学通史·晚清卷》,广东教育出版社 2010 年版,第 235 页。
10. 《留美中国学生之调查》,《教育杂志》1925 年第 17 卷 3 期,第 13 页。
11. 李新:《一个有待深入研究的重大课题——"留学生与近代中国研究"之我见》,《徐州师范大学学报(哲学社会科学版)》1995 年第 1 期,第 2 页。
12. 王奇生:《中国留学生的历史轨迹》,湖北教育出版社 1992 年版,前言,第 1 页。
13. 舒新城:《近代中国留学史》,上海文化出版社 1989 年版,第 212—213 页。
14. 朱景坤:《中国近代留学教育与中国高等教育近代化》,《徐州师范大学学报(哲学社会科学版)》2002 年第 3 期,第 41 页。
15. 白云涛:《留学生与中国院士的计量分析》,《徐州师范大学学报(哲学社会科学版)》2004 年第 3 期,第 9—15 页。
16. 《沪局肄业章程》,转引自李喜所主编,刘集林等:《中国留学通史·晚清卷》,广东教育出版社 2010 年版,第 85 页。
17. 温秉忠:《一个留美幼童的回忆》(1923 年 12 月 23 日),[美]高宗鲁译注:《中国幼童留美书信集》,传记文学出版社 1986 年版,第 76 页。

注　释

18. 濮登青：《游美灯》，美国留学生编：《美洲留学报告》，作新社 1904 年版，第 83—86 页。

19. 袁哲对此有较为细致的研究，详见袁哲：《法学留学生与近代上海（清末—1937年）》，复旦大学博士学位论文，2011 年。

20. 袁哲：《法学留学生与近代上海（清末—1937 年）》，复旦大学博士学位论文，2011年，第 45 页。

21. 设在其他城市的有 6 所，即南开大学（天津）、齐鲁大学（济南）、中华大学（武昌）、厦门大学（厦门）、广东国民大学（广州）与广州大学（广州）。

22. 其他 3 所设在北平，即中国学院、朝阳学院、北平民国学院。

23. 袁哲：《法学留学生与近代上海（清末—1937 年）》，复旦大学博士学位论文，2011年，第 77—88 页。

24. 袁哲：《法学留学生与近代上海（清末—1937 年）》，复旦大学博士学位论文，2011年，第 84、88 页。

25. 邹振环：《西书中译的名著时代在上海形成的原因及其文化意义》，《复旦学报》1992 年第 2 期，第 90 页；忻平：《从上海发现历史：现代化进程中的上海人及其社会生活 1927—1937（修订版）》，上海大学出版社 2009 年版，第 106 页。

26. 何一民：《中国城市史》，武汉大学出版社 2012 年版，第 619—620 页。

27. 金平：《上海眷恋》，《文学报》1990 年 2 月 15 日。

28. 梁实秋：《忆〈新月〉》，《梁实秋散文集　第五卷》，时代文艺出版社 2015 年版，第248 页。

飞花同业公会旧址(席子　摄)

目

录

引

言

中国与日本一衣带水,隔海相望,自古交往频繁。但自明初起,因倭患(日本海盗)肆虐,中国长期实行"海禁"政策,其后日本德川幕府亦闭关锁国,双方官方往来逐渐断绝,民间贸易亦多通过西洋商人转口进行。1684年,甫收复台湾的清政府解除海禁,允许国人出洋经商,遂有民间商人往返于两国间,以砂糖、织品、药材、书籍等交换日本的铜、海产干货等物。至18世纪中期,中国已形成了以浙江乍浦为中心的对日贸易网络,每年约有千余商人随货船抵达长崎。

1843年上海开埠以后,迅速崛起,并在十余年间渐渐超过广州,成为对外贸易中心。在此背景下,上海至日本航线利益剧增,引起列强争夺。1859年,英国铁行轮船公司[1]首先开辟上海至长崎航线,每月往返两次。因收益可观,1864年,该公司又增设了每月两次的上海至横滨航线。法国邮船公司则在1865年开设了每月一次的上海至横滨定期航班。两年后,美国太平洋邮船公司[2]加入竞争,投入了"金色年华"号、"纽约"号、"哥斯达黎加"号、"俄勒冈"号等数艘蒸汽船,开设上海至横滨每月四次的定期航线,途经长崎、下关、神户,全程费时七八天。1870年,中日议商《修好条规》时,日方代表外务权大丞柳原前光等即由横滨乘坐太平洋邮船公司的"金色年华"号,经八天航行,从上海登陆北上,在天津办完公务后,再回到上海,乘太平洋邮船公司的"纽约"号返日,历七日夜回到横滨。

　外洋航运的日增月益也促进了上海港口码头的建设。开埠之初,驻上海的英国领事巴富尔擅自将洋泾浜(今延安东路)至苏州河南岸一段约883.92米长的黄浦江水面划为洋船停泊区,并沿岸建造驳船码头。由此,往来各地的飞剪船在驶入黄浦江后,大都抛锚停泊于江中,然后通过驳船将货物和旅客送至岸边码头。至19世纪50年代后,大吨位的轮船逐渐取代原来的飞剪船,此段江面常拥挤不堪,江深水阔的苏州河口以北的虹口岸段开始引起关注。1859年,江海关颁布《黄浦江河泊章程》,将洋船停泊区拓展为天后宫(十六铺附近)与虹口新船坞(今公平路码头)之间。这一章程促使各洋行、船厂纷纷越过苏州河,在虹口沿江建造码头、堆栈。1860年,英商捷足先登,率先建成宝顺码头。两年后,汇源洋行购下美租界苏州河口北岸滩地,建成汇源码头。此处位置绝佳,紧邻美国领事馆,且随着1863年英美租界合并成公共租界,英、美等国侨民与日俱增,附近地区逐渐繁盛起来。当1867年美国太平洋邮船公司进入上海市场后,立刻被汇源码头吸引,出资购为己有,并更名为扬子江码头。在此前后，由英、美两国商人出资，同孚、顺泰、旗记、怡和、虹口、耶松等码头在北外滩相继建立，至1870年，虹口一带江岸已是码头林立。

与此同时，在明治维新中实力逐渐壮大的日本对欧美垄断内外航运利益渐生不满。在日本政府的扶持下，1875年，日本三菱汽船会社[3]以"东京丸""新潟丸""金川丸""高砂丸"4艘轮船开通横滨至上海航线，这亦是日本近代最早的海外定期航线。三菱汽船会社的加入，使中日航线竞争立刻呈现白热化状态。为打压三菱，美国太平洋邮船公司将横滨至上海航线上等客运票价从30日元降至8日元。而有日本政府作后盾的三菱汽船会社甚至不惜亏本运营，其上海至长崎客票收费3元5角，至横滨则仅需7元5角。经过数月激烈争夺，太平洋邮船公司败下阵来，不得不将其经营的中日航线、轮船，以及该航线所属神户、长崎、上海各码头以81万日元全部出售给三菱汽船会社。对于这一事件，在1875年11月13日出版的《万国公报》中亦有报道：

> 日本既设三菱公司轮船，不独来往日本本国口岸，亦与中国上海来去，且与美国万昌公司走东洋至中国之轮船拼争贸易。据闻日本每年不独不余利，而且亲贴本银十二万两。现今买得万昌公司行此路之生意，凡日本横滨到上海轮船生意归日本三菱公司来往……其日本买此一路定可蒸蒸得利也。

完成收购后，三菱汽船会社随即将扬子江码头改名为三菱码头，并将"哥斯达黎加"号、"黄金时代"号等4艘轮船先后改名为"玄海丸""广岛丸""名古屋丸"和"成功丸"重新投入运营。此后不久，三菱又以同样方式驱逐了英国铁行轮船公司，稳固了其在西太平洋沿岸航运地位，"北至北海道，出日本海，更至釜山、上海，漫长数千海里的海权已全部被三菱掌握"[4]。当时，中国人即便远赴美国，往往亦须乘三菱轮船至横滨周转。1876年，宁波海关文案李圭受总税务司赫德委派，赴美国费城参观世界博览会，据其所著《东行日记》记载，李圭在当年4月21日乘坐三菱汽船会社2500吨的"内华达"号明轮离沪，沿途停靠长崎、神户，29日至横滨。经往太平洋邮船公司换票后，李圭在5月2日登上美国"北京城"号轮船，最终在5月20日到达美国旧金山，全程耗时约30天。

三菱汽船会社运行于中日航线的船只多为2000余吨，明、暗轮皆有，以暗轮（以螺旋桨推进）蒸汽铁船居多，速度亦较明轮船稍快。至于票价，激烈竞争时期的超低价格在三菱汽船会社形成垄断后已不复存在。据1879年赴日考察的王之春记载，其一行6人购买三菱汽船会社由上海至横滨船票6张，其中"上舱（一等）票三张，每张洋五十五元，下舱（三等）票三张，每张洋二十元"。据王之春旅途所见，"上舱为客房，宽广七尺余"，设上下二榻，衾枕洁净，垫褥厚软；中舱为饭厅，有长桌八张，每张可坐十余人，食物皆外洋

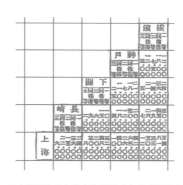

日本邮船株式会社上海至日本各地船票价格

风味,客人按菜单自点,酒须向买办房另买,侍者华洋各半;
下舱无侍者,每日三餐用长宽八寸、深一寸之木盒装米饭、
咸菜少许,饭后数人共茶一壶,洗漱、泡茶皆无热水,自带熟
菜、点心亦无处蒸煮。[5]

　　1885 年,日本政府为杜绝国内航运公司无序竞争,谋求
海运事业更大扩张,指令三菱汽船会社与日本共同运输社
合并,改组为“日本海运史上至今占有重要地位的最大海运
公司”——日本邮船株式会社(简称日邮)。新成立的日邮
拥有资本金 1100 万日元,海轮 58 艘,64610 总吨,经营沿岸
航线 11 条、近海航线 3 条,其中,上海至横滨航线为日邮近
海航线的核心,基本垄断了中日间客、货海运。对于日邮在
上海的登场,《申报》有如下报道:

1885年,日邮办公
大楼在扬子江路
开业

20世纪初,百老汇路上,人流如织

言

　　日本邮船公司原定玄海丸、名古屋、广岛、横滨等四船当川开往上海、横滨等港,开行日期悉照三菱公司旧式。现闻该公司将玄海丸改走别口,调萨摩新船走上海云。[6]

　　三菱码头亦被日邮继承,更名为日邮中央码头(习惯使然,亦有人仍沿称"三菱"之名),作为上海至横滨航线唯一的起讫港。当时,前往日本的华人商旅多从该码头乘日邮轮船东渡,而众多日侨亦在此登陆虹口。因码头紧邻扬子江路(今黄浦路)的日本领事馆,不少日侨遂于附近安置下来,并日益向纵深发展,逐渐在虹口形成了一个日侨聚居区。到19世纪末,虹口的百老汇路(今大名路)和东武昌路(今武昌路四川北路以东段)一带,因日人开设的商店、饭店林立,已有"东洋街"之称。

　　甲午战争之后,中日文化地位彻底逆转,负笈东瀛者络绎于途。及至清末新政兴起后,日本更一跃成为中国变革的模仿对象,且因路近、费省、语言文字及习俗相近等优势,成为国人出洋留学的首选之地,帆影轮声,往者日众。由于上海位处长江与南北航务之中心,有铁路、运河及沪汉、沪宜、沪渝、沪杭、沪连、沪青、沪津、沪甬、沪瓯、沪闽、沪粤等水路航线联通八方,加之日邮经营中日航线的垄断地位,上海成为长江流域学子、官绅赴日游学、考察的必经之地。这在清末民初的各种日记、游记中有大量记载。如常熟士人

位于虹口的日邮中央码头

徐兆玮,1907 年 3 月 8 日先乘小轮赴沪,翌日晨抵达,寓"鼎升栈",16 日方乘"博爱丸"二等舱出发,20 日至神户,因恐走太平洋遭遇风浪,徐兆玮改乘火车,21 日终于抵达东京都新桥站。[7]湖南学子赴日亦须先至上海。1903 年 3 月 3 日,陈天华、刘揆一、杨昌济等湖南官费、自费留学生 50 人,从长沙乘舟出发,沿江东下,一路泊三叉矶、樟树港、乔口、芦林潭、鳝鱼港等处,11 日至汉口,在此转乘大阪公司"大亨丸",14 日午时继续行程,过九江、金陵,17 日抵上海,居"长春栈"。20 日晚 10 时,一行人登上"博爱丸"东渡,27 日抵横滨,前后共历时 24 天。[8]1916 年,田汉乘"沙市"轮由长沙经武汉抵沪,在上海停留 3 天,其间在天蟾舞台观看了高百岁、周信芳演出的《击鼓骂曹》和《打严嵩》,大饱眼福后方登上"八幡丸"直航日本。

　　因上海交通便利,航班较多,华南、华北等处亦有不少

言

汇山码头

取道上海赴日者。1902年,吴稚晖奉两广总督陶模之命,带领速成师范学生胡汉民、朱执信等10人赴日留学,众人先至上海,抵沪后又增添无锡学生26人,随后搭乘"博爱丸"共同东渡。1904年8月,经北洋练兵处考选,孙传芳、程潜等百余名陆军学生在监督赵理泰(后曾为保定陆军军官学校首任校长)率领下,由天津转上海,乘"大智丸"赴日。同年,居于北京的"南北大侠"杜心武亦经宋教仁介绍,南下上海与友人汇合后,同乘"神户丸"东渡求学。

因航线日益扩张,日邮中央码头渐不敷用。1903年,日邮以130万两白银收购了提篮桥南侧原属英商麦边洋行的汇山码头及附属仓栈,并以此为基地,跻身长江航运业,开始经营上海至汉口航线。1913年,日邮将该码头重新改造,建成了一座现代化的钢筋混凝土码头,用于停靠日邮经营的上海至长崎航线班轮及欧美大型邮轮。据资料记载,鲁迅、郭沫若都曾由此登船赴日留学。此后,日邮在1916年还收购了与日邮中央码头毗邻的怡和码头,并于1918年将两者整合为一,形成一座长249.936米,设有铁制浮栈桥3个,可同时停靠两艘3000吨级轮船或一艘万吨级轮船的巨型码头。

　　进入20世纪20年代后,中日人员往来更为频繁,加之航海技术的快速进步,为中日旅行提供高效交通的要求愈益强烈。1921年,日邮决定以汇山码头为母港,创办"中日联航快线"。为此,日邮专门从英国克雷特造船厂定造两艘新船,一名"长崎丸",一名"上海丸"。1922年11月,两船驶抵日本,均为5300吨巨轮,舱位有头等、三等两种,头等舱可载客155位,分特别室、二人室、三人室、五人室,设备异常精美,有大餐厅、社交室、吸烟室、酒坊,另辟广场以备旅客运动之需。三等船舱客258位,有饭厅、吸烟室、酒吧间等。最具吸引力的是,新船行驶速度极快,可达每小时17余海里,以长崎距上海460海里计,由日赴申,晨9时长崎开出,次日上午12时即可到上海,全程仅需27小时左右,以至于长崎街头常可听到这样的谈话:"上海真的是很近呀。总之,去东京,要隆重地举行告别会,不知何时再能相会,而到上海却是带一件替换衣服就可以轻松告别的。"9至于票价,快船自然远高于原有航船。

中日联航快线票价表

头等票价					上海—长崎	上海—神户	神户—长崎
符号	甲板	定员	舱号		相互间（圆）	相互间（圆）	相互间（圆）
A	B	二人室	特别室	一人包用	200	230	161
				二人包用	150	180	118
	A	二人室	1—6	一人包用	65	98	46
				二人包用	55	88	37
B	A	三人室	7—8	50	82	33	
	B	三人室	101—126	—	—	—	
C	B	五人室	127—128	45	78	29	
	C	五人室	201—212	45	78	29	
三等票价					18	21	10

　　1923 年 2 月 11 日，"长崎丸"从长崎港口鸣笛启航，驶向上海，中日联航快线正式开通。由此，汇山码头在中日航线中的地位日益突出，一些家境富裕或赴日经商、公干者，为节省时间，往往从汇山码头登船。1928 年 2 月，遭到国民党当局通缉的郭沫若携家带口赴日流亡，为躲避追捕，郭沫若和家人不得不分头行动：郭沫若单独从日邮中央码头乘日邮"卢山丸"，赴神户登陆；其妻安娜带着 4 个儿女，从汇山码头乘上海至长崎的快船"上海丸"，在长崎登陆，再改乘火车到神户汇合。因联航快船时短效速，安娜乘火车到达神

泊于汇山码头的"长崎丸"

户后,仍有充足时间到轮船码头迎接郭沫若。

　　从晚清到民国,危难国势催生了一波接一波的留日浪潮。数十年间,黄浦江畔的日邮中央码头和汇山码头见证了无数的悲欢离合,无数学子、志士从全国各地汇集于这弹丸之地,扬帆东去,探求救国兴邦之道;同时,亦有无数身负绝学者负笈归来,投入中国的现代化变革中。就在这迎来送往间,北外滩及邻近虹口一带不断生长、蜕变,终成人文荟萃、商贸繁盛的"上海会客厅"。

注　释

1. 铁行轮船公司,又名大英轮船公司、半岛东方轮船公司,1837 年成立于伦敦,在英国政府特许下经营英国至印度航线。该公司 1843 年至香港开展业务,1850 年将欧洲至香港航线伸延至上海,并于上海外滩设立办事处。

2. 美国太平洋邮船公司,亦称花旗轮船公司或万昌轮船公司,1865 年 2 月经美国国会批准建立,以争夺远东航运利益。

3. 日本三菱汽船会社,由岩崎弥太郎 1871 年创设的三菱商会发展而来。三菱商会在 1874 年日本侵略中国台湾时承担了后勤运输重任,取得日本政府信任。战争结束后,日本政府无偿将 13 艘军用船舶以及 18 艘邮政轮船公司所属船舶交予三菱商会使用。1875 年,在日本政府扶持下,岩崎弥太郎合并了国有企业"日本国邮便蒸气船会社",并将公司易名为"邮便汽船三菱会社"。至 1876 年底,三菱会社已成为一家拥有近 40 艘轮船 23000 多吨位的大型公司。为加强三菱会社与欧美轮船公司竞争,日本政府还在 1875 年到 1890 年间,连续 15 年每年向三菱提供 25 万日元特殊补贴。

4. 日本《太阳》杂志撰文:《日本明治时期海运业的发展》,潘幼文译,温娟校,见南京大学世界近代史研究中心编:《世界近代史研究》(第十五辑),社会科学文献出版社 2018 年版,第 232 页。

5. 《王之春集》,岳麓书社 2010 年版,第 563—564 页。

6. 《蓬瀛佳胜》,《申报》1885 年 11 月 6 日。

7. 《徐兆玮日记》,黄山书社 2013 年版,第 759—760 页。

8. 朱德裳:《癸卯日记》,长沙市政协文教卫体和文史委员会编:《长沙文史》第 18 辑,长沙化勘印刷有限公司 2006 年版,第 180—184 页。

9. 陈祖恩:《上海的日本文化地图》,上海锦绣文章出版社 2010 年版,第 12 页。

第

一

章

初　识　东　瀛

"只一衣带水,便隔十重雾",黄遵宪的短短两句诗,道出了中日两国在近代初开国门时的疏离与隔阂。自晚清以降,少数国人或因出使,或因猎奇,泛海东渡,踏足东瀛三岛。在他们所撰的各种游记中,为国人揭开了日本神秘面纱的一角。

一、中日建交与使东先驱

　　1840年后,中日两国在西方列强坚船利炮逼迫下相继开放国门。相较于步履蹒跚的大清帝国,日本在渡过最初的懵懂和慌乱后,在1868年新成立的明治政府领导下,迅疾展开了自上而下的现代化变革。在政治上,废藩置县,加强中央集权;在经济上,改革土地制度,建立国内统一市场,推行"殖产兴业";在社会文化上,提倡"文明开化",大力发展教育,广派留学。以此为基础,日本社会各方面开始出现了快速变化,经济迅猛发展,新的阶层开始出现,社会面貌日新而月异。

　　对于日本开放后的种种变化,深陷内忧外患中的清政府并未给予过多关注。早在 1862 年,日本德川幕府鉴于列强经营中日转运贸易获利丰厚,为探寻与中国直接贸易机会,曾派遣"千岁丸"[1]赴上海调查。当年 6 月 7 日,由幕府官吏、武士、翻译等共 51 名日人组成的使团乘坐满载煤炭、人参、海参、干鲍等货物的"千岁丸"从长崎出发,经数日航行,于 12 日抵达吴淞口,翌日以汽船拖曳入黄浦江,泊于法租界内荷兰驻沪领事馆附近江岸。时上海开埠已近 20 年,黄浦江中及沿岸繁盛景象令随船日人颇为震惊,"江面上几乎被船只覆盖,陆地房屋鳞次栉比",不禁感叹"这诚然世界第一的热闹之处"。"千岁丸"在上海停泊两月之久,其间使团代表根立助七郎等人拜访了上海道台吴煦及各国领事,其他随员则详细考察了上海政治、经济、社会等状况,所带货物亦销售一空,但代表团提出的在上海设立领事馆并直接与中国通商之请求被江苏巡抚李鸿章和南洋通商大臣薛焕拒绝。

　　此后,随着国力蒸蒸日上,日本对外扩张野心开始膨胀,"征韩论"沉渣再起。1869 年,明治政府向朝鲜提出订约、通商要求,朝鲜方面以身为中国属国,日本应先与中国缔约为由婉拒。日本遂于 1870 年 9 月,派遣外务权大丞柳原前光、外务权少丞花房虎太郎、文书权正郑永宁等前往中国商议相关事宜。柳原前光一行由长崎出发,经上海转行天津。在与直隶总督李鸿章、三口通商大臣成林以及总理各

章

1871年，日本明治政府派赴欧美考察的岩仓使团部分成员合影，
左起为木户孝允、山口尚芳、岩仓具视、伊藤博文、大久保利通

国衙门反复辩论后,双方商定于次年在天津立约。1871年6月,日本首先在上海虹口北扬子江路扬子江码头西侧设立领事馆。7月,以大藏卿伊达宗城为正使,柳原前光为副使的日本修约使团抵达天津。经月余磋商,议定《中日修好条规》十八条、《中日通商章程》三十三条。9月13日,双方分别画押钤印。

依据《中日修好条规》第四款规定:"两国均可派秉权大臣并携带眷属随员,驻扎京师。"条规签订后,日本首任驻清公使柳原前光于1874年正式赴北京上任。但清政府对在日设立领事馆却并不积极,一是因为双方交往尚浅,并无急务需要处理;其次亦有中国风气未开,外务人才匮乏之故。但此时日本羽翼渐丰,对外扩张动作频频。1874年日本出兵侵略台湾,1876年吞并朝鲜江华岛,图谋琉球之心亦已昭然若揭,加之我国在日商民已近万人,对日交涉事务迅速增多。1877年1月,在李鸿章、沈葆桢等封疆大吏强烈要求下,清政府正式任免翰林院侍讲何如璋为出使日本国钦差大臣,并任清首任驻日公使。

何如璋(1838—1891),字子峨,号璞山,广东大埔人,自幼家贫,13岁辍学牧牛,后在姑父陈芙初指点下,学业渐进。1856年中秀才,入县学为生员,1861年乡试告捷,中举人。1865年,署理汀州知府朱以鉴慕其才,聘为幕僚,后因功被保荐为五品衔知县。1868年,中进士,入翰林院为庶吉士,1871年散馆授翰林院编修,累迁至侍读。何如璋出生于

章

何如璋像

1878年,何如璋(左4)与黄遵宪(右1)等驻日使馆官员合影

著名侨乡,自幼与归侨多有接触,深知外界之变化,进仕后亦常留心时务,竭力拥护洋务派的变革主张,颇受当时总理外交事务的李鸿章的赏识。

1877年8月,何如璋从军机处领得敕书、国书。9月10日,与副使张斯桂从北京出发,开始赴任行程。因此时天津尚无中日航线,一行人不得不先经北运河至通州,继乘招商局轮船由海路往上海中转。25日,船抵吴淞,泊虹口,何如璋等由此登岸进入公共租界,但见"旧时蓁莽,悉化街衢,舟车填溢,货物山积,洋楼戏馆,酒楼茶肆,无一不备,夜燃煤气灯,光腾黄浦"。[2]经一番休整、准备后,11 月 26 日,何如璋偕副使张斯桂,与赶来汇合的参赞黄遵宪等人再次由虹口登上两江总督沈葆桢所派"海安"兵船,出吴淞,入东海,经长崎、下关、神户,一路昼行夜泊,间或登岸游览,历月余方抵横滨,随后改乘火车进入日本东京。12 月 28 日,何如璋向日本明治天皇呈递国书,正式开始履行驻日公使之职。使馆最初在横滨临时办公,后租于东京芝山月界僧院。

何如璋驻日期间,竭力维护在日华侨权益。经与日方反复交涉,据理力争,迫使日本同意中国在横滨、神户、长崎三处设立领事馆。何如璋还清醒地认识到,日本图谋琉球只是其向外扩张的第一步,"琉球既灭,次及朝鲜,……让一琉球,边衅究不能免",因此主张强硬对日,"今日本国势未定,兵力未强,与日争衡,犹可克也。隐忍容之,养虎坐大,势将不可复制"。[3]但此时清政府收复新疆战事正紧,李鸿章不仅未予何如璋支持,反斥其"于交涉事情历练未深,锋芒稍重……转致激生事端"[4]。1879 年,日本悍然宣布将琉球改为冲绳县,并将琉球国王掳至东京,琉球终被日本吞并。

何如璋使日先后 4 年,除忙于公务外,还深入考查日本政治变革与社会民情。为此,他与黄遵宪等人广交日本朝野上下文人名士,四方搜寻典籍、图册共 4 万余卷,并鼓励黄遵宪撰写《日本国志》一书。

章

　　黄遵宪（1848—1905），字公度，别号人境庐主人，广东嘉应（今梅州）人，1867 年中秀才，1876 年中举。因常留心外务，为同乡何如璋所知，受举荐出任驻日参赞，1877 年随何如璋一同东渡。后曾任清驻旧金山总领事、驻英参赞、驻新加坡总领事等职。1894 年结束外交生涯，回国任江宁洋务局总办。甲午战争后曾参与强国会，与梁启超等创办《时务报》。戊戌变法期间署湖南按察使，助巡抚陈宝箴推行新政。戊戌政变后归隐乡间，1905 年病逝。有《人境庐诗草》《日本国志》《日本杂事诗》等遗世，被誉为"近代中国走向世界第一人"。

　　黄遵宪驻日期间广事交游，他震惊于日本明治维新后的迅速变化，又感叹于日本士夫多能读汉书、考中国之事，反观中国，士人多故步自封，眼界狭隘，对日本情况鲜少注意，各种典籍对日本的记载更是简略，"犹似古之所谓三神山之可望不可至也"[5]。因此，黄遵宪有意利用驻日之便利条件，采风问俗，细究详情，编撰成书。经数年努力，黄遵宪于1882 年完成《日本国志》初稿，此后历数载修改，至 1887 年终告功成。

　　《日本国志》为典制体史书，全书共 40 卷 50 余万字，分国统、邻交、天文、地理、职官、食货、兵、刑法、学术、礼俗、物产、工艺十二志。在内容上略古详今，对正在进行的明治维新用笔尤多，详细介绍了日本近代以来在政治、经济、军事、外交等各方面的变化，同时记述了日本侵略台湾、吞并琉球

黄遵宪像

黄遵宪（前排中立者）与日本友人合影

的扩张行为，提醒国人对日保持警惕。此外，黄遵宪对日本各种制度的变革得失亦有议论，并推论及我国，以为当道者借鉴。全书内容详尽，几无所不包，被后人视为近代中国人研究日本的集大成代表作。书成后，黄遵宪呈之于李鸿章、张之洞各一部。二人均大为赞赏，李鸿章更将其驿寄总理各国事务衙门，但主持总署的庆亲王奕劻等人思想保守，对此毫无兴趣，黄遵宪呕心沥血之作竟被束之高阁，直至甲午战败后的 1895 年秋冬之际，才由羊城富文斋刊行问世。

　　1882 年，何如璋卸任归国，黄遵宪则转任驻美国旧金山

姚文栋译《日本国志》(浙江书局 1898 年重印版)

总领事,驻日公使之职由黎庶昌(曾任驻英、法、德参赞)继任。至甲午战争之前,相继担任过驻日公使的还有徐承祖、李经方、汪凤藻 3 人,多是身具科举功名的传统士人,所带随员中亦有杨守敬、姚文栋、黄超曾等不少才子文人。其中黎庶昌随员姚文栋先后驻日 6 年,翻译了大量日本史、地书籍,在 1884 年相继完成了《日本地理兵要》和《日本国志》两书,前者编译自日本陆军省出版的《兵要日本地理小志》,亦有评述;后者译自由日本地志学界权威塚本明毅任总阅的《日本地志提要》,惜未刊刻,流布不广。第三任公使徐承祖随员陈家麟则著有四卷本的《东槎闻见录》（1887年），分59个小目介绍了日本经纬、气候、疆域、都会、户口、官制、学校等情事，所引资料皆详细注明出处，"借以征信，不敢掠人之美"[6]。

驻日使馆成员在搜集资料、维护国家利益的同时，亦能发挥所长，与心向汉学的日本文人雅士诗词唱和，推行独特的"诗赋外交"。如黎庶昌为"曾（国藩）门四弟子"之一，先后驻日6年，常在使署召集东京一带著名学者、诗人聚会，参与者有时多达百余人。1884年重阳佳节，黎庶昌邀集日本森立之、重野安绎、长松干、宫岛诚一郎、中村正直等名士与杨守敬、姚文栋等共21人相聚于使署西楼，登高远望，诗词唱酬，共得诗歌52首，由使馆工作人员孙点编为《癸未重九宴集编》，黎庶昌亲为之作序。[7] 1890年4月8日，日本元老院议员长岗云海、重野成斋等人，于樱云台宴请黎庶昌及中国公使馆一行，参与者百余人，宴后留有唱和集《樱云台宴集编》。[8] 这些诗词虽然充满了文人之间的相互吹捧，但也在一定程度上沟通了情感，增强了中日文化间的交流。

二、早期游记中的日本

1854年，香港英华书院发行的《遐迩贯珍》月刊从第11号起，分三期连续刊载了一篇由中国人罗森撰写的《日本日记》。这是近代以来第一次见诸华文报端的日本游记。

罗森(？—1900),字向乔,广东南海人,曾居于香港,与英美传教士往来,略通英语。1854 年,美国准将佩里欲率舰队前往日本,逼迫德川幕府开放通商,担任此行翻译官的美国传教士卫廉士邀请友人罗森一同前往,以满足与日人沟通、签约之需。同年 1 月 17 日,罗森随美国舰队从香港启程,2 月 11 日抵达日本浦贺港。在此后约半年时间中,罗森见证了美日谈判和签订《日美亲善条约》的整个过程,访问了那霸、横滨、下田、箱馆等地,并广泛结交日本官员、文人、学者、僧人等各界人士,与他们唱和汉诗,互赠书画。8 月,罗森返回香港,随即以生动的文笔将所见所闻撰成《日本日记》,为国人了解日本打开了一扇窗口。

1868 年,清政府委派卸任的美国驻华公使蒲安臣[9]担任"办理中外交涉事务大臣",率领记名海关道志刚、礼部郎中孙家谷等官员出访欧美。曾在北京同文馆学习英语的张德彝以通事(翻译员)身份随行。1 月 5 日,使团从北京出发,出河北,入山东,24 日到达淮阴清江浦,由此登船走运河,经宝应、高邮、扬州,在镇江换乘火轮船,出长江,过狼山,2 月 2 日抵达吴淞口,翌日在旗昌码头登岸,宿于大马路(今南京路)洋泾浜理事公廨。此后接连 20 余日,张德彝四处拜访游览,曾在一桂轩、丹桂轩等处观剧。沪上"戏园酒肆,朝歌夜弦,华丽壮观,甲于天下"[10],热闹景象令张德彝眼界大开。

2 月 24 日,使团一行准备妥当,由扬子江码头登上美国太平洋邮船公司"哥斯达黎加"号轮船。该船为"明轮,长三十余丈,宽二丈七尺,极明净宏敞"。25 日,轮船出港,迤东折南,经下关、兵库,3 月 4 日,船抵横滨,见"口岸宽阔,舸舰交冲,营造楼房,几无隙地"。张德彝性喜交际,认为"随处皆足徵学,无人不可贡忱",一路与同船日人晤谈甚惬,及至横滨,"得履其地,得见其人",于日本历史、地理、风俗、语言皆有所得。3 月 7 日,使团在横滨转乘美国"中华"号轮船,继续赴美行程。[11]

相较于张德彝的惊鸿一瞥,王之春的日本之行则可谓是密访周览。1879 年,日本正式吞并琉球,威胁我国东南海疆,熟悉洋务的王之春奉两江总督沈葆桢之命赴日查其"形势要害、风俗美恶、政治得失"[12],以为防日之备。

1879 年 12 月 3 日,王之春一行 6 人从三菱码头登船出发。因身负重任,王之春在船经长崎、大阪、神户等处时,均登岸游览察看,并与当地华商晤谈。12 日,船抵横滨,食宿皆由招商局在地机构安排。翌日,王之春乘火车前往东京,在接下来的 10 余日内相继参观了浅草寺、上野公园、东照寺等名胜及劝工场、博物院等处。24 日,复由横滨启程归国,翌年 1 月 5 日返抵上海,先后历时一月有余。归国后,王之春将此行见闻撰成《谈瀛录》,由上洋文艺斋于 1880 年秋刊行。《谈瀛录》共 4 卷 5 万余字,除记录了王之春在长崎、神户、大阪、横滨、东京、西京各处所览风貌外,还简要介绍了日本历史、地理、户口、租税、礼制、兵制、官职、法律、物产、宗教、教育、风俗等情况,在早期文人关于日本的游记中颇

章

张德彝像[13]

王之春著《谈瀛录》(上洋文艺斋1880年刊印)

值一观。

名士王韬的日本之行最为惬意。1879 年，王韬受日本
一等编修重野成斋，《报知社》主笔栗本锄云，蕃士冈鹿门、
中村正直等人邀请，赴日游历讲学，先后历时 125 天。

王韬（1828—1897），原名利宾，又名翰，后改名韬，字
紫诠，号仲弢、天南遁叟等，江苏长洲（今苏州）人。幼承庭
训，1845 年中秀才，翌年乡试落第，后不乐仕进。1849 年，
应英国传教士麦都思之邀，至上海墨海书馆工作，协同重译
《圣经》。1862 年，王韬因上书帮助过太平天国，遭清政府通
缉，被迫逃亡香港，供职于英华书院，并兼任《华字日报》主
笔。1867 年底，应英华书院院长理雅各之邀赴欧游历，曾在
牛津大学演讲，是第一位在牛津大学演讲的中国人。1870
年，王韬结束欧洲之旅回到香港。数月后，普法战争爆发，
“欧洲中几无与埒”的法国仅一个多月即失败投降，这让曾
对法国留下深刻印象的王韬极为震惊。因此，王韬搜罗西方
各大媒体相关报道及资料，“午夜一灯，迅笔瞑写”，潜心撰
成《普法战纪》14 卷约 21 万字，并于《华字日报》连载。《普
法战纪》资料翔实，行文雄奇，于普、法两国内政、外交及双
方谋略、战术等皆有精辟分析，“阅之令人识见为之大扩”[14]。
《普法战纪》成书不久，即传至东瀛，由日本陆军文库翻译刊
行，被锐意革新的明治政府视为济世之作，风炽一时。

1879 年，久慕王韬的日本知识界联名共邀王韬赴日讲
学。而王韬久居香港，知明治维新后日本变化极大，亦有意

王韬像

王韬著《扶桑游记》

一探其振兴之根源。1879年春，王韬离港，经沪归乡。4月26日，由苏州返回上海，整理行装，准备东游。29日午后，王韬命人将行李送至泊于三菱码头的"玄海丸"上。当晚，日本驻上海总领事品川忠道设宴为其饯行，王韬偕《申报》主笔钱征均和日本友人竹添渐卿赴宴，"玄海丸"船主等亦在座，此为品川忠道招来相见，以"中途可借其指引作东道主也"[15]。宴毕，品川忠道馈赠王韬洋酒四瓶，并亲自将王韬送至船上。

30 日凌晨 2 时，"玄海丸"正式启航。5 月 2 日，船抵长崎，见"灯火参差，远近高下，约略如香港"[16]。王韬乘小舟登岸，赴中国驻长崎领事馆拜会担任领事的友人余云眉。3 日零时，"玄海丸"继续行程，翌日中午抵神户。王韬登岸访友、游览，并同友人乘火车往大阪参观博览会，直至 11 日晚方返回神户。13 日，王韬重新登船，14 日抵横滨，日本知识界名士共 22 人会集东台长酡亭宴请王韬，为之洗尘。在此后的 4 个多月中，王韬先后游历了长崎、神户、大阪、西京、横滨、东京等地，每到一处，都受到热情接待，其学问、诗文皆倍受推崇。据日本启蒙思想家中村正直记称："都下名士，争与先生交。文酒谈宴，殆无虚日；山游水嬉，追从如云，极一时之盛。"[17] 名士冈千仞更将王韬称为两国相通三千年来第一位往游日本的中华名士。

在日期间，王韬饱览各处景色，并对日本政治、经济、文化、教育等各方面进行了全面观察，亲眼看见了维新变法给日本社会带来的巨大变化。如在东京参观"新燧社"（火柴厂）时，见其"屋宇广深，工作八百余人"，生产皆用西法，产品运售于香港、上海，获利丰厚，这使王韬对资本主义生产方式有了新的认识。1879 年 8 月 23 日，王韬启程归国。行前，日本众友人及中国驻日公使何如璋、副使张斯桂、参赞黄遵宪等百余人在东京中村海楼酒家设宴为其饯行，场面极其壮观，"冠裳跄济，可与葵邱践土之会后先争盛"。[18] 31

章

日，在阔别四月之后，王韬回到上海，在中日交往史上留下
了一段佳话。

紧接王韬出游日本的是李筱圃。李氏曾任江西吉安府
同知，后寓居沪上。1880年4月19日，李筱圃乘三菱公司
"高砂丸"，由虹口三菱码头向横滨进发，开启了自费赴日观
光行程。"高砂丸"为三桅铁底暗轮，长约100米，分上、中、
下三舱。李筱圃出手阔绰，购买的是55英洋的上等客票，
因一次购齐往返船票，价格打九折，且可在中途各埠登岸，
随便停留，遇后来三菱公司船到，即可凭票登船。李筱圃利
用此便利，且行且游，一路经长崎、神户、大阪、京都、横滨至
东京，所到之处，皆有在地华人商号接待。李筱圃对明治维
新似有微词，在东京拜谒德川幕府历代将军墓时颇多感慨，
记称："早年米利坚求通商，德川氏以力难拒绝，遽欲允之，
民情不服，德川氏因之失据"，而明治维新后，"非但不能拒
绝远人，且极力效用西法，国日以贫，聚敛苛急，民复讴思德
川氏之深仁厚泽矣。"[19] 李筱圃在日先后40余日，悉心游历
了日本长崎博物院、东京博物馆、上野博物院等处，"聊以扩
眼界而已"[20]。

晚清国人赴日游历中还有一类特殊存在，即"奉旨"出
游。1887年，清政府为周知中外之情，于翰林院及六部中考
选五品以下干员，分派海外各国进行1至2年的游历考察，
每位游历使还可带一名翻译随行。经总理衙门考试及光绪
帝朱笔圈定，共录取12人，分往亚、欧与美洲各国。其中兵

初识东瀛

部郎中傅云龙和刑部主事顾厚焜奉命游历日本、美国、加拿大、秘鲁、古巴、巴西等国,此为中国历史上前所未有之事。

傅云龙(1840—1901),原名云鄸,字懋元,号醒夫,浙江德清人,父羹梅,曾任恩安(今云南昭通)知县。云龙自幼熟读经史,喜好地理金石。16岁父殁,后因家贫辍学,于四川从幕为生。1868年,纳资捐兵部郎中,在武选、车驾两司应差,曾参与编撰《光绪顺天府志》,1886年调任兵部则例馆纂修。1887年奉旨出游日本、美国、秘鲁、智利、巴西、加拿大、古巴、厄瓜多尔等11国,行程三万里。归国后参与洋务运动,任北洋机器局会办、总办,1901年卒于上海。

傅云龙一行从北京出发,先至天津拜见李鸿章,其后赶往上海。1887年11月12日,傅云龙自日邮中央码头登上日邮“东京丸”,两日后到达长崎,开始了为期6个多月的游历。翌年5月29日傅云龙离日赴美,在遍游南美诸国后,于1889年5月27日再次回到日本,又游历了近5个月,同年10月15日,从横滨登“西京丸”回国,10月21日抵达上海。傅云龙先后两次在日停留共约一年时间,详细考察日本各处,搜集了大量地图、报表、史地书籍等资料,昼游夜记,不拾人唾余,不拘己成见,[21]辑成《游历日本图经》和《游历日本图经余纪》共百余万字。

《游历日本图经》刊印于1889年,共30卷,分天文、地理、国记、风俗、兵制、职官、外交等15类183个子目,内容包罗万象,堪称介绍日本的资料百科全书。该书大量内容

章

傅云龙像

以图表方式呈现,统计精详,一目了然。为求数据翔实,傅云龙在制作部分图表时不惜多次往返,"实测要隘,躬历目验",展现出严谨的治学态度。《游历日本图经余纪》则是傅云龙在日期间所写日记,记载其奔波各地参观调查及与日本友人交往的详细情形,以及一路的所思所想。

总体而言,在甲午战争之前,赴日游历仍较少见,相关游记亦寥寥无几,但仍可看出国人对日本的观察和记述大体经历了一个从浮光掠影到逐渐细化的过程。然而,因当道者的漫不经心,即便有如黄遵宪、傅云龙等耗费巨大心力所成之作,亦难被重视。此时,清政府仍沉醉在"天朝上国"的迷梦之中,酣睡不醒。

注 释

1. "千岁丸"为三桅木造帆船,载重 358 吨,原是英国商船"亚米斯特斯"号。1862 年 3 月,德川幕府出资三万四千美元购得,用以远航上海、香港,探寻贸易机会。1862 年上海之行时,"千岁丸"前樯悬挂荷兰三色旗,中樯为英国米字旗,后樯为日章旗,而船上原英国船长和 14 名英国船员仍被雇佣,负责航海技术工作。

2. 何如璋:《使东述略》,钟叔河主编:《走向世界丛书:甲午以前日本游记五种》,岳麓书社 1985 年版,第 89 页。

3. 梅州市政协文史资料委员会、大埔县何如璋研究会合编:《梅州文史·第六辑·何如璋专辑》,1992 年,第 83 页。

4. 顾廷龙、戴逸主编:《李鸿章全集》(32),安徽教育出版社 2008 年版,第 478 页。

5. 丁凤麟、王欣之编:《薛福成选集》,上海人民出版社 1987 年版,第 524 页。

6. 陈家麟:《东槎闻见录·凡例》,第 2 页。

7. 陈有康:《中日文学交流中的诗词唱酬问题》,《学术探索》2009 年第 5 期,第 128 页。

8. 朴钟锦:《中国诗赋外交的起源与发展》,知识产权出版社 2014 年版,第 174 页。

9. 蒲安臣(1820—1870),美国纽约州人,1846 年毕业于哈佛大学法学院,1853 年成为马萨诸塞州的参议员,1855 年当选美国国会众议员,1861 年被林肯委任为美国第 13 任驻华公使。因任内推行对华合作政策,1867 年,蒲安臣届满即将归国时,被清政府任命为"办理中外交涉事务大臣",赏一品顶戴花翎,率团出使欧美,以敦睦邦交,这是近代中国第一次派外交使团访问欧美。

10. 张德彝:《张德彝欧美环游记》,湖南人民出版社 1981 年版,第 31 页。

11. 张德彝:《张德彝欧美环游记》,湖南人民出版社 1981 年版,第 32—34 页。

12. 《彭玉麟序》,(清)王之春:《谈瀛录》,岳麓书社 2016 年版,第 5 页。

13. 张德彝(1847—1918),又名张德明,字在初。一生曾八次出国,于域外 27 年。每次出国均有详细记录,依次辑成《航海述奇》《再述奇》《三述奇》,直至《八述奇》,共约二百万字。

14. 《论普法战纪》,《申报》1874 年 1 月 16 日。

15. 王韬:《漫游随录·扶桑游记》,湖南人民出版社 1982 年版,第 178 页。

16. 王韬:《漫游随录·扶桑游记》,湖南人民出版社 1982 年版,第 179 页。

17. 王韬:《漫游随录·扶桑游记》,湖南人民出版社 1982 年版,第 175—176 页。

注　释

18. 王韬:《漫游随录·扶桑游记》,湖南人民出版社 1982 年版,第 301 页。
19. 李筱圃:《日本纪游》,《早期日本游记五种》,湖南人民出版社 1983 年版,第 98—99 页。
20. 李筱圃:《日本纪游》,《早期日本游记五种》,湖南人民出版社 1983 年版,第 108 页。
21. 傅祖熙、傅训成、傅训淳:《傅云龙传》,浙江古籍出版社 2003 年版,第 116 页。

第

二

章

中 国 近 代 的 留 日 浪 潮

1894 年甲午战争爆发,日本以久蓄之力一举歼灭了洋务派苦心经营 20 年的北洋水师,东亚秩序及中日文化地位彻底逆转。诗词唱酬的和煦景象一去不返,代之而起的是亡国灭种的深深恐惧。危如累卵的局势促成了民族的觉醒,一个以强敌为榜样,忍辱负重、探寻国家出路的时代猛然到来。

一、甲午惊梦

　　近代之前,因在政治、经济、文化上的巨大优势,东亚地区形成了一个以中国为中心的宗藩体系。这种相对保守、内敛、松散的体制以"礼"所确立的等级秩序为内核,通过羁縻、册封等方式将周边国家纳入中华文明体系中。日本虽游离于这一体系边缘,但仍长期受到中国影响和辐射,"礼乐、书数、衣服、舟车、农具、武具、医药、针灸、官职、位阶、军法、武艺,乃至其他诸种工艺技术,无不源于中华,无不习于中华"[1]。长期的领先使中国对日本一直保持着一种深深的优越心态。

明治维新后，日本尽涤旧制，变法图强。在沪西人最先注意到这一变化。1870 年，上海的《中国教会新报》[2] 报道了日本仿照英国制造机器、轮船，开矿，建铁路，办电报，以中、西、日本三国文字出版新书等事，并称赞其"乃乐为而非强为……信之深而效之速也，此后其国日益富强矣"[3]。翌年，该报再次报道日本变法革新，称"近年来日本人学西国法殚心竭虑，不厌精详，故一切事俱蒸蒸日上也。"该文继而感叹道："日本人学习西国诸法后于华人，而华人所学者究不若日本人勇往无前。"[4]

国人之中亦有极少数清醒者。曾担任驻日使馆参赞的黄遵宪在仔细观察日本后，认为日本"改从新法，卓然能自树立"。而当 1882 年调赴美国任职后，黄遵宪得以近距离比较日、美两国各种制度，这使他更震惊于日本改革的深度和速度，在其所撰《日本杂事诗》序中，黄遵宪评述道：

> 久而游美洲，见欧人，其政治学术，竟与日本无大异。今年（1890 年）日本已开议院矣，进步之速，为古今万国所未有。[5]

中法战争失败之后，1888 年，康有为曾上书呼吁清政府以日本为榜样变法求强。康有为称："日本崎岖小岛，近者君臣变法兴治，十余年间，百废俱举，南灭琉球，北辟虾夷，欧洲大国，睨而莫敢伺。"[6] 然而，此时多数国人却仍沉湎于

章

《译书汇编》1902 年第 6 期发表《劝滇黔人士游学日本启》

同光中兴的表面浮华中,对于近邻日本的种种变化不是茫然无闻便是视若无睹。1879 年奉命赴日调查日本军情的王之春,虽注意到了日本兵力、武器之变化,但对其军制、军事教育以及军事思想的革新却浑然不觉,所得结论竟是日本"全部无险可扼",将来一旦与中国爆发冲突,我国定可轻易战而胜之,"我中朝人民之众,土地之广,物产之饶,矿藏之富……岂貌兹日本所能颉颃哉"。[7]

但就在国人的漠视中,日本已逐渐通过力量的积蓄,破茧成蝶。1894 年,预谋已久的日本主动挑起对中国的甲午战争,将清政府苦心经营二十年、曾一度排名世界第七的北洋舰队完全歼灭。主持清政府政务的李鸿章不得不赴日求和,最终以割让台湾及澎湖列岛、赔偿日本两亿三千万两白银等条件结束战争。丧权辱国的《马关条约》的签订,标志中国仅重器物的改革方式遭到了彻底的失败。

甲午惨败创巨痛深,"四千年之大梦"由此而醒。当国人重新审视日本这一昔日"蕞尔小国"时,却发现其早已非吴下阿蒙。《外交报》惊叹"日本由东方习尚而忽有西土文明,实为至可惊骇者"[8]。《大公报》称"崛起东瀛颉颃列强间,岸然以东英自许"[9]。《译书汇编》则赞"日本崛起海东三十余载,励精图治……轹欧轶美,雄视东方"[10],至此,国人方才开始深入探究日本兴起之因,而变法则被有识之士认为是最为重要的一个方面。由是国内变法之议大兴,疆吏士夫,人人竞言变法,在此背景下,"同文同种"且刚给予中国

《马关条约》原本（台北故宫博物院藏）

位于日本下关（亦称马关）的"春帆楼"。1895 年中日双方于此签订《马关条约》

深刻教训的日本自然成为国人学习的对象。

昔之仇敌,已成今之良师。1898年,康有为上书光绪,恺切痛陈向日本学习的重要性,建议将"日本译各书之成绩,政法之成绩"转为已用。他认为:

> 彼与我同文,则转译辑其成书,比译欧美之文,事一而功万矣。彼与我同俗,则考其政变之次第,鉴其行事之得失,去其弊误,取其精华,在一转瞬间,而欧美之新法,日法之良规,悉发现于我神州大陆矣。

康有为更乐观地认为:"大抵欧美以三百年而造成治体,日本效欧美,以三十年而举成治体。若以中国之广士众民,进采日本,而三年宏规成,五年而条理备,八年而成效举,十年而霸图定矣。"[11]

人才为政事之本。欲变法图强,培养大量精通西学的人才为首要任务。1898年,湖广总督张之洞在《劝学篇》"游学"一节中开门见山地提出"出洋一年,胜于读西书五年"的惊人论断。至于游学之国,张认为"西洋不如东洋",并列出路近费省、易考察、文字相通、风俗相近等理由,成为国内第一个明确提出派遣留日生的封疆大吏。康有为的观点与此颇为接近,称"日本道近而费省,广历东游,速成尤易"。此二人的言论在当时引起极大反响,为国人学习西方近代知识提出了新的路径选择。

众口滔滔之下,急思有所作为的光绪帝颇为心动。1898年8月,清政府颁布上谕,称:

> 现在讲求新学,风气大开,惟百闻不如一见,自以派人出国游学为要。至游学之国,西洋不如东洋,诚以路近费省,文字相近,易于通晓。且一切西书均经日本择要翻译,刊有定本,何患不事半功倍。或由日本再赴西洋游学,以期考证精确益臻美备。[12]

近代汹涌的留日大潮,就此轰然而起。

二、最初的留日生

1896年6月,日本《教育时论》杂志第402号登载一篇报道《宁波苏州地方十三名青年官费留学》,文称:

> 中国驻横滨领事吕贤笙,前日赴上海,其目的是在宁波、苏州等地挑选13名青年,以官费留学生的身份带回东京研究日本语学。现已与这些青年同乘"西京丸"返回日本。[13]

这则简短的新闻在当时并未引起过多关注,却揭开了中国近代留日序幕。报道所提及的13人分别是韩寿南、朱光忠、冯阊模、胡宗瀛、王作哲、唐宝锷、戢翼翚、赵同颉、李宗澄、瞿世瑛、金维新、刘麟、吕烈辉，年龄约在 18 岁至 24 岁之间，为清总理各国事务衙门应当时驻日公使裕庚要求，为使馆培养翻译和业务人才而选拔。

1896 年 5 月 5 日，这群青年学子抵达清驻东京使署。随后，公使裕庚在日本文部大臣西园寺公望的建议下，委托东京高等师范学校校长嘉纳治五郎负责教育。嘉纳治五郎遂在神田三崎町租赁一处民房作为私塾，聘请教师教授这些学生数学、理科、体操、日语等数门课程。不久，李宗澄、韩寿南、赵同颉与王作哲 4 人因无法适应在日生活，被遣送回国，使馆再从国内招募黄涤清和吕烈煌 2 人加以补充。经三年学习后，有 7 名学生毕业。其中，唐宝锷、戢翼翚、胡宗瀛 3 人转入东京专门学校继续深造。因日语突出，唐宝锷被任命为驻长崎领事馆代理副领事。1899 年，唐宝锷与戢翼翚合作，撰成日语语法工具书《东语正规》，专为中国人学习日语之用，这在中国日语教材历史上具有划时代的意义。此外，为向国内传播新知，1901 年左右，戢翼翚还与日本著名女教育家下田歌子合作，在上海四马路（今福州路）惠福里 53 号成立"作新社"，这是惠福里较早出现的书局之一，曾大量编译日文书籍出版。

1897 年，杭州知府林启在罗振玉等人的建议下，从杭州蚕桑馆选派嵇侃、王有龄赴日学习养蚕技术及病虫防治方法。二人在经过短期日语培训后进入蚕业学校"竞进社蚕

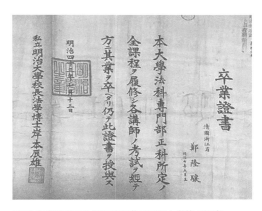

1910 年浙籍留日生郑隆骧所获早稻田大学毕业证书

业讲习所"。此后,嵇侃入东京高等蚕丝学校继续学习,王有龄则因身体问题于 1899 年归国。1898 年,由林启兼任总办的杭州求是书院(今浙江大学前身)还曾选派钱承志、陈榥、何燏时、陆世芬 4 人,会同浙江武备学堂学生谭兴沛、萧星垣、徐方濂、段兰芳联袂东渡日本。前 4 人先于第一高等学校学习,后钱承志入东京帝国大学法科,陈榥、何燏时入东京帝国大学工科,陆世芬入高等商业学校。后 4 人则经日本参谋本部安排,进入日本士官学校的预备学校成城学校,成为中国近代最早赴日学习军事的留学生。

上海在近代中国一直领风气之先,亦是较早派遣学生出洋留学的地区。1898 年 10 月,戊戌政变的余波尚未散尽,南洋公学即开始遴选优秀学子赴日。翌年 1 月初,公学将拟出洋的章宗祥、雷奋、杨廷栋、富士英、杨荫杭、胡礽泰 6 名学生的姓名、年龄造具清册,呈送两江总督核鉴,并由日本总领事小田切转交日本外务省和文部省。1 月 13 日,上述6 人在小田切的翻译的伴随下,从日邮中央码头登上"萨摩丸"赴日。抵日后,他们先被安排在日华学堂修习日文,日本外务省派译员随时照料。此后,富士英入读早稻田大学,章宗祥、杨荫杭入东京帝国大学,雷奋、杨廷栋入东京专门学校,胡礽泰则在 1900 年奉命改派赴美留学。

在此前后,湖广总督张之洞从湖北武备学堂、两湖学堂选派吴禄贞、卢静远、万廷献、铁良等 20 人赴日学陆军,另有部分学生学习实业、农业等科。北洋则派出王宠惠、金邦平等 14 人赴日留学。

1899 年,嘉纳治五郎将其主持的三崎町私塾命名为"亦乐书院"(取"有朋自远方来,不亦乐乎"之意),以接纳由湖广总督张之洞所派遣的 11 名新留学生。此后,随着留学生日增月盈,1902 年,嘉纳另设"弘文学院"(亦作宏文学院),设置三年制本科及一年、八个月、六个月的速成师范。黄兴、鲁迅、陈独秀初至日本时,都曾于此学习,[14] 唐宝锷亦曾受聘兼任弘文学院讲师。

至 1901 年底,在日本各校留学的中国学生共计 274人。按籍贯统计,计湖北 49 人,江苏 46 人,浙江 41 人,广东 23 人,湖南 20 人,直隶 16 人,安徽 15 人,福建 12 人,四川 11 人，江西 4 人，贵州 2 人，陕西、山东、广西各 1 人，东三省 27 人，此外还有旗人 5 人。1902 年 1 月 3 日，清驻日公使蔡钧于东京九段坂之"偕行社"举行中国留学生新年会，众留日生齐聚一堂，叙谈演讲，欢歌畅饮。会后，众人推举蔡钧任中国留学生会会长，并商议设立留学生会馆，"有愿捐资为创会馆经费者，悉书名于绢册。不一时而集款凡若干"[15]。

　　在早期留日生的努力推动下，1902 年春，中国留学生会馆（后更名为清国留学生会馆）在东京神田区骏河台铃木町十八番地正式设立。会馆为一座两层楼房，外观宏伟，有会议室、演讲室、日语教室、俱乐部等场所。楼房之外，有一间小屋作传达室，管收发，兼售会馆出版书刊。会馆由各省留学学生开全体大会选举干事若干名共同管理，逐渐成为留日学生聚会、纵论政治的场所，吴禄贞甚至将其喻为美国费城之独立厅。这里也是留学生的出版中心，《译书汇编》《游学译编》《浙江潮》《江苏》《湖北学生界》等众多留学生所办刊物均以此地为出版部所在。

三、留日大潮的兴起

　　庚子之变后，国势阽危，清政府被迫下诏变法，但人才掣肘迅疾显现，"疆吏之奏新政者无不以游学为言"[16]。为加速培养新式人才，1901 年，清政府颁布《广派游学谕》，要求

《游学译编》1902 年第 3 期发表
的呼吁出洋游学的文章

《浙江潮》1903 年第 7 期发表
的呼吁出洋游学的文章

各省选派学生出洋游学,并承诺无论官派还是自费者,只要学有成效,"一体考验奖励,候旨分别赏给进士、举人各项出身,以备任用而资鼓励"[17]。另一方面,广大士子亦将留学视为救危图强、免亡国灭种之难的重要途径,认为"今日吾国灭亡之风潮达于极顶……惟游学外国者,为今日救吾国惟一之方针"[18],更有人称"留学外国者,今日之急务也,无贵、无贱、无富、无贫、无长、无幼,所宜共勉者也"[19]。

舆论界更是连篇累牍宣扬留日好处,各种留日指南纷纷面世,如章宗祥所撰《日本留学指南》(1901年)、东京崇文书局之《日本留学指掌》(1905年)、东京启智书社之《留学生鉴》(1906年)以及东京日华堂之《东瀛游学指南》(1906年)等。不少已在日本的中国留学生亦纷纷撰文,以同乡身份呼吁本省民众速往游学。1903年,《游学译编》刊文称:"君等如力能留学欧美也,则吾劝君等速往欧美;君等如不能留学欧美也,则吾劝君等速来日本;君等如并不能留学日本也,则吾等劝君等速为留学之预备。"[20]浙江留日生则殷殷劝告乡人,"东京多一留学生,即将来建造新中国多一工技师"[21],急切之情溢于言表。与此同时,清政府教育改革正疾速推进。1903年,清政府颁布《奏定学堂章程》,明列"各省办理学堂员绅,宜先派出洋考察"一条,更明确指出"欧美各国,道远费重,即不能多往,而日本断不能不到"。同年,张之洞、张百熙等人又奏定《约束鼓励游学生及自费生立案章程》《奖励游历游学章程》,明确将日本各学校学历文凭与科举功名挂钩。

一些封疆大吏亦纷纷垂范，不仅大量选派本省学子东渡，更将自己直系亲属遣送同往，如两江总督兼南洋大臣魏光焘、云贵总督马玉昆、新疆巡抚饶应祺、闽浙总督许应骙等，均有子嗣留日。在如此大规模的集中宣传和鼓动下，负笈东瀛勃然而兴，帆影轮声，往者日众。1903 年，在华的路透社记者惊诧地注视着这一幕，报道称：

> 彼都（日本东京）人士近于泰西学术亦甚注意，以故华人子弟欣慕备至，负笈往游者实繁有徒，成效昭著，卓然可观。东京为中国上流士人游学之地，六月前不过千人，今则殆将倍之。[22]

然而，上述景象仅仅是清末大规模留日热潮的前奏。1905 年 9 月 2 日，清政府正式发布"上谕"，宣布自 1906 年起，所有乡会试一律停止，在中国存续了约 1300 年的科举制度正式废除。由此，留洋成为传统士人接续仕途、重觅社会空间的终南捷径，各省秀才、举人纷纷联袂而往，上至耄耋老者，下迄垂髫少年，父子、兄弟争先恐后，"渡日本海者尤如过江之鲫焉"[23]。翰林胡骏原是四川广安紫金书院山长，1905 年携长子光熊，表侄蒲殿俊、顾鳌，学生周代本、聂开基等共赴日本[24]；沈钧儒曾携其子一同留学；胡汉民"挈妇淑子、妹宁媛往留学"[25]；汤化龙留日时是同夫人夏氏、女佩琳、子佩松阖家东渡,其夫人后因染病殁于东京[26];李书城、李汉俊与鲁迅(周树人)、周作人则是兄弟共同赴日的两段佳话。女子留日亦开始兴盛,据 1905 年《女子世界》调查,当时在日留学的中国女子约有百人,其中著名者 30 人,如吴弱男(淮军将领吴长庆孙女,章士钊夫人)、陈撷芬(《苏报》馆主人陈范长女)、秋瑾、林宗素、陈光璇、黄振坤、潘英等,"日本学者见之,群啧啧叹服,致日本妇女界亦为之相形见绌"[27]。

由此,1905 年后,留日人数开始出现爆炸式增长。据统计,1904 年时,在日中国学生数尚在 2400 余人,1905 年就跃至 8000 多人,至 1906 年更是达到了惊人的一万二三千人。因赴日留学过于集中,几乎每艘驶往日本的客轮上都可见数十留日生。

中央层面选派的留日活动更具代表意义。1906 年 8 月,清政府一次性将 92 名癸卯、甲辰两科进士送入日本法政大学速成科学习。据进士馆 1907 年统计,当时在日留学的进士共 176 人,其中状元就有骆成骧(乙未科)、夏同龢(戊戌科)、刘春霖(甲辰科)三人。这些科举考试的顶端精英赴日求学,标志中国以四书五经、纲常大义为主体的传统儒家教育已被抛弃。

由涓滴细流到江河潮涌,短短数年间,日本俨然已经成为国人学习近代西方先进知识的圣地。1907 年,尚在日本留学的孟昭常在回顾这一过程时,颇多感慨,他说:

　　昔在甲午,我有关东之挫,海内士夫瞿然警觉,始
稍稍遣少年东去。疆吏或奖诱之、资给之,谓将以求彼
之所擅长者,始至仅三数人,积有顷,乃至十百,又积有
顷,乃至千万,今益浩漫至不能得其真数。[28]

　　这种明确以某一特定国家为目标,并在短期内迅速涌入
数万人的景象,在世界教育史上都是极其罕见的。

四、留日运动的起落

　　科举废除后,留学取代科举,成为清政府选才最重要之
途径,留日大潮迅速涌现。张元济曾就此感叹道:“日本为
我国一大贡院,非过语也。”[29]

　　但盛况之下,亦存隐忧。一方面,除清政府择优选派外,
大量自费留学生集中涌入日本,难免使一些品行不端、学识
浅陋之徒混迹其中。各种问题层出不穷,败坏了中国留学
生的整体形象,激起日本民众强烈反感。1905 年的《大陆报》
就曾有如下记载:

　　我国派来之留学生及游历官数至四五百,游历官则
仆从赫赫,行李煌煌,竟终日游于街市,垂辫股际,鼻架
圆眼镜,手摇大团扇,一步三回首,以自鸣得意。四川新
来之学生,类皆乡间腐儒,未曾稍受教育,形同无赖,不

入学日本法政大学"法政速成科"第五班和补修科的部分清朝进士合影

知法律,不重公德。其出也,必数十人,布满街市,致行人不能自由行走。其在旅馆也,无论何人之鞋,见光丽者则着之,无论何人之伞,见华美者则取之……其余种种丑态难以尽述。[30]

另一方面,为快速造就人才,当时的留日教育以速成为主。如弘文学院,除设有三年的本科及速成科外,还设有一年半、八个月,甚至六个月的各种速成师范科。据日本学者实藤惠秀称,当时日本学校甚至出现了激烈的竞争倾向,如甲校用一年教授完毕,乙校减为八个月,而丙校更缩减成半

第　　　　二

年。尤有甚者,竟有数月以致数日的速成科。[31] 且一些日本学校以牟利为先,至不少速成学校沦为"学店"。部分学校对中国留学生的管理也极为松散,即便学生长期旷课,校方也并无任何惩处措施。如日本法政大学内设的"清国留学生预科",教授伦理、日语、欧语、历史、地理、数学、理学等基础学科以为学生入读专门学校之备,近代名人周作人就曾毕业于此。在其回忆录中,周作人记述道:

> 我因为总算学过一年的日本语,而英、算等学科又都是已经学过了,所以没有性味去听,这样就奖励我的偷懒,缴了一年的学费,事实上去上学的日子几乎才有百分之几,到了考试的时候,我得到学校的通知,这才赶去应考,结果还考了一个第二名。在校里遇到事务员,说你要不是为了迟到缺考一门功课,怕不是第一么?[32]

长期旷课兼缺考一门却能考得第二名的好成绩,这让周作人自己亦感到有些不可思议,实在不知这一结果是周作人太过聪明还是其同学的水平普遍较为低下所致。

此外,革命思想在留日学生群体中的迅速传播,也使清政府感受到了强烈的危机和恐慌。1905 年底,在清政府要求下,日本政府颁布《取缔清国留日学生规则》,明确规定中国学生入读日本公私立学校时,必须附加清驻日公使馆介绍书,且日本学校不得招收"性行不良"的中国学生,为清政府管束具革命思想的留学生提供方便。规则颁布后,留日中国学生视其为镇压革命运动、剥夺留学生就学自由的产物,迅速展开大规模的游行、示威、罢课运动。在日本法政大学留学的陈天华为日本政界、媒体对中国留学生的蔑视态度所激,竟愤而投身大森海东滨海峡以死,年仅 31 岁。消息传出,留日生群情激愤,数千学生愤然退学回国。留日热潮开始出现了消退的趋势。

在此背景下,清政府的归国留学生考试成为压倒骆驼的最后一根稻草。1906 年,清政府举行废除科举后的首次选官考试,由外务部侍郎唐绍仪主持,严复、詹天佑等任副考官。从欧美和日本各校留学归来的学生共 100 余人应试,其中留日生占大多数。然而,考试结果却颇出人意料,被取中授予进士出身的 8 人竟全部是留美学生,而留日生则全部落第,日本教育的质量显然远逊于欧美。由此,清政府学部开始限制赴日的各种速成游学,"无论官费、私费,师范、政法,应一律停派"。为规范留日教育,清政府与日本文部省于 1907 年签订"五校特约"协议,规定仅帝国大学预科第一高等学校、东京高等师范、东京高等工业学校、千叶医学专门学校、山口高等商业学校五校可以接收中国官费留学生,学费则由清驻日公使直接缴至日本文部省。如有自费生考取五校之一,亦可转为官费。为便于学业衔接,五校分别举办预科,学制一年,留日生于此毕业后即可升入正式官立学

不肖生著《留东外史》（民权
出版部 1916 年版）

1937 年七七事变后,留日学
生悲愤异常,纷纷罢学归国,
以赴国难。图为当年 8 月
11 日,留日同学救亡会在上
海码头欢迎新一批归国留日
同学

章

校，和日本学生接受相同教育。因名额有限，五校考试竞争激烈。据实藤惠秀统计，从 1908 年至 1910 年，中国学生考入五校者仅 460 余人。

种种因素作用之下，留日人数开始大幅度下降。至 1909 年，在日留学生锐减至 3000 多人。因生源减少，日本专为教育中国留学生所设学校如弘文学院、东斌学堂、经纬学堂、法政大学速成科、东洋大学警察速成科等均先后关闭。1911 年 10 月，武昌起义爆发，国内政局随即陷入混乱，多数公费生经费断绝，不得不纷纷退学回国。至 1911 年底，仅余千余名留日生滞留未归。

中华民国建立后，各省公费留日教育逐渐恢复，赴日留学者复又增多，所学科目涉及文、理、法、商、医、农、工、师范、军事等各科。此外，因民初局势多变，政坛派系斗争激烈，不少反袁失败的革命党人被迫流亡日本，如"二次革命"后，孙中山被迫乘德国"约克"号邮船离沪，辗转台湾前往日本，黄兴、李烈钧、胡汉民等大批国民党人亦追随而至。不久，孙中山还在东京组建了中华革命党。这样，至 1914 年，在日留学生数恢复到五六千人，东京留学界重新热闹起来。据向恺然（笔名不肖生）所撰小说《留东外史》中戏称，当时在日留学生大致可分四类："第一种是用公费或自费在这里踏实求学的；第二种用留学经费在日本经商的；第三种用国家的公费，在这里既不经商，也不真心求学，而是吃喝嫖赌的；第四种是'二次革命'失败，亡命日本的亡命客。"为适应大批中国学生到来,一些原本因生源匮乏而停办的学校重新开张,如东京同文书院、成城学校,同时亦开办了一些新的学校如日华学院、政法学院、东亚高等预备学校等。

然而,此时日本对华觊觎之心愈益炽烈,两国间龃龉不断,留日生人数亦随之起伏。1915 年,日本向袁世凯政府提出灭亡中国的"二十一条",1918 年再次逼迫北洋政府签订旨在扩大日本权益的《中日共同防敌协定》,都曾引起留日生的大规模抵制运动,并导致大批留日生罢学归国。1919 年五四运动后,中国民间对日情绪更加恶化,留日人数大幅减少。

1933 年后,留日运动再次兴起。其因在于国民党政府对进步思想和活动的压制,迫使一些青年知识分子纷纷东渡日本留学。而九一八事变后,日本占领东北,为扶植伪满洲国傀儡政权,亦由此向日本派遣了大批留学生。因此,在1935—1937 年间,留日学生再次增加到五六千名,此为第三次留日高潮。

但好景不长,1937 年七七事变后,全民族抗日战争爆发,中国民众的爱国抗日情绪持续高涨。至当年 10 月下旬,留日学生几乎全部归国,中国驻日大使馆和留日学生监督处亦告关闭,中国近代轰轰烈烈、波浪相逐的留日运动至此彻底结束。

注 释

1. ［日］伊东多三郎编：《日本的名著 11 中江藤树、熊泽蕃山》，中央公论社 1976 年版，第 333—332 页。

2. 1868 年 9 月 5 日由美国基督教监理会传教士林乐知在上海创办，周刊。1872 年 8 月 31 日改名为《教会新报》，1874 年 9 月 5 日改名为《万国公报》，1883 年 6 月停刊。1889 年，《万国公报》在虹口复刊。

3. 《日本国从西国诸事》，《中国教会新报》1870 年第 88 期，第 186 页。

4. 《日本国作电报》，《中国教会新报》1871 年第 138 期，第 189—190 页。

5. 《黄遵宪集》上，天津人民出版社 2003 年版，第 6 页。

6. 康有为：《上清帝第一书》，中国史学会编：《戊戌变法》第 2 册，上海人民出版社 1957 年版，第 129 页。

7. （清）王之春：《谈瀛录》，岳麓书社 2016 年版，第 45 页。

8. 《论日本维新》，《外交报》1904 年第 24 期，第 30 页。

9. 《留学日本四川同乡会敬致蜀人劝游学启》，《鹭江报》1903 年第 42 期，第 6 页。

10. 《劝滇黔人士游学日本启》，《译书汇编》1902 年第 6 期，第 1 页。

11. 康有为：《进呈日本明治变政考序》，中国史学会编：《戊戌变法》第 3 册，上海人民出版社 1957 年版，第 3—6 页。

12. 陈学恂、田正平编：《中国近代史资料汇编——留学教育》，上海教育出版社 2007 年版，第 3 页。

13. 转引自吕顺长：《清末中日教育文化交流之研究》，商务印书馆 2012 年版，第 332 页。

14. 《章开沅文集》第 8 卷，华中师范大学出版社 2015 年版，第 268 页。

15. 《中国留学生新年会记事》，《新民丛报》1902 年第 5 期，第 1—4 页。

16. 舒新城：《近代中国留学史》，中华书局 1927 年版，第 96 页。

17. 璩鑫圭、唐良炎：《中国近代教育史资料汇编：学制演变》，上海教育出版社 1991 年版，第 6 页。

18. 《劝同乡父老遣子弟航洋游学书》，《游学译编》1903 年第 6 期，第 78—80 页。

19. 《与同志书》，《游学译编》1903 年第 7 期，第 82—83 页。

20. 《与同志书》，《游学译编》1903 年第 7 期，第 83 页。

注 释

21. 孙江东:《敬上乡先生请令子弟出洋游学并筹集公款派遣学生书》,《浙江潮》1903
年第 7 期,第 5 页。

22.《论华人受日本人之教育》,《外交报》1903 年第 25 期,第 26 页。

23.《序言》,《东京留学界纪实》1905 年第 1 期,第 1 页。

24. 胡光麃:《波逐六十年》,联经出版事业公司 1992 年版,第 570 页。

25. 朱正编:《名人自述》,东方出版社 2009 年版,第 181 页。

26. 高拜石:《新编古春风楼琐记》(三),作家出版社 2003 年版,第 64 页。

27.《女界之英》,《女子世界》1905 年第 3 期,第 2 页。

28. 孟昭常:《留日学生精灵志》,《政法学交通社杂志》1907 年第 3 号,第 1 页。

29. 张元济:《读史阅世》,新世界出版社 2012 年版,第 32 页。

30.《日本留学界之片影》,《大陆》,1904 年第 6 期,第 3 页。

31. [日]实藤惠秀:《中国人留学日本史》,谭汝谦、林启彦译,生活·读书·新知三联
书店 1983 年版,第 60 页。

32. 周作人:《知堂回想录》,安徽教育出版社 2008 年版,第 135 页。

上海北海宁路的老弄堂（席子　摄）

第三章

章

留 日 志 士

与 虹 口 辛 亥 风 云

晚清最后 10 年,汹涌的留日潮将数万中国精英学子汇聚于日本,立宪派、革命派亦均将东京视为发展力量的最主要基地,各种传播新思想的报刊和政治团体纷涌而现。在经历新思想的启蒙和洗涤后,众多革命志士不断驰返中国,投入改变中国命运的斗争中。而最先体现这一浪潮的,正是处于中日航线起讫点的上海虹口。

一、孙中山的秘密革命据点——宋氏老宅

　　近代民主革命的伟大先驱孙中山先生曾长期居留日本从事革命活动。在 1895 年至 1924 年间,孙中山曾先后 15 次出入日本,累计侨日时间长达 9 年半 [1],日本更被其视为"第二之母邦" [2]。因往来中、日需要,孙中山曾多次到虹口,而其密友宋嘉树在朱家木桥的住宅(今东余杭路 530 号及 526 弄 17—31 号)则成为其在虹口秘密活动的重要据点。

　　宋嘉树(1864—1918),原名韩乔孙,字耀如,教名查理·琼斯,海南文昌人。早年赴美谋生,1882 年入田纳西州

位于东余杭路的宋氏老宅

范德比尔特大学神学院,1885 年毕业;翌年归国,在苏州、上海等地传教,同时兼做实业。1891 年左右,宋嘉树在虹口朱家木桥购得东有恒路 628 号 C 的一块地皮,建成中西合璧的一座二层住宅。宋嘉树在此居住约 20 年之久,宋庆龄、宋子文、宋美龄几人亦于此度过了童年时光。

美国《纽约客》杂志专栏作家埃米莉·哈恩曾在 1935 年造访过这座宅院,在其成名作 *The Soong Sisters*(译本作《宋氏家族——父女·婚姻·家庭》)中对此处有如下描述:

> 这房子是坐落在绿色的田野上,周围满是枣椰树和其他上海地区少见的树种。前头有条小溪流过。房子的式样为多数上海居民选择的中西合璧风格的建筑。这种建筑风格也使得这个城市与其他根据条约开放通

商的口岸城市不同,那些口岸城市里的民居还主要是老
式的。一座前院墙将第一个院子与那条小溪相隔,主要
是为将孩子们的活动空间与小溪隔离。但孩子们很快
就学会翻墙而过,去到田野里玩耍。他们在树上爬上爬
下,他们给相邻的村民造成的麻烦,使不爱惹事的查理
只得出面,给乡邻们一些小钱以使乡邻们任由孩子们去
戏耍。自那以后,宋家的小孩们可以尽情地在野外肆意
奔跑玩耍了。

　　房子的前部直接伸展至院子的后端,并分为四间大
房间:一间是查理的书房,一间餐厅,一间中式客厅里
有红木的桌子和结实的椅子,一间西式客厅里摆放着一
架钢琴以及舒适的椅子和沙发。房间如上海人家的喜
好都朝向南面。房间外是一个宽阔的平台,家人经常在
户外用餐。底层后部是一些小房间,包括楼梯间和盥洗
室。这两个小房间和楼梯都与众不同,楼梯通向楼上。
楼上的四间卧室分别为:父母卧室、女孩卧室、男孩卧
室和客房。楼上的后部是两间小房间和两间卫生间。
卫生间里有精美的苏州浴缸,浴缸外饰有盘绕的黄龙,
内壁为绿色釉面。备有冷水龙头,热水则由楼下烧好提
上楼来。在虹口普遍使用电之前,取暖用煤气取暖器,
许多在上海的外国人家里还没有这样高级的设施。卧
室内的床与大多数中国人仍在使用的那种硬平板、木结
构的床不同,而是舒适的带床垫的美式沙发床。邻居们

会进来评价这种床,用手指戳戳床垫,然后相互交流关
于这种床如何不利于孩子的健康甚至会有危险的看法。

后头还有一座房子,与前面的房子以稍小些的院子
相隔,包括类似仆人用房、厨房和库房等。在这座房子
的后头,还有一个大菜园。查理喜欢在这里种种菜。[3]

孙中山与宋嘉树相识于 1894 年。是年,孙中山与陆皓
东自粤赴天津投书李鸿章。盘桓上海期间,孙中山经同乡
郑观应介绍结识宋嘉树,二人都曾接受西式教育,因此一见
如故,在宋家畅谈理想,互引为同志。宋嘉树自此追随孙中
山,协助孙中山筹建兴中会,"佐总理孙先生擘划革命,昕夕
不遑"[4],而虹口的宋氏老宅,为孙中山及同盟会众高层的革
命活动提供了极大便利。据学者考证,1900—1910 年间,孙
中山为联络各方,推动国内革命运动发展,曾 7 次由海外乘
船潜赴上海,登岸后大多住在宋家老宅。如 1900 年 8 月 22
日,孙中山为策划江苏、两广等南方六省独立事,自横滨乘
"神户丸"秘密返沪,28 日抵达后即入住虹口宋家,经与革命
同志晤谈后,9 月 1 日离沪返回日本。[5]

宋嘉树经商多年,为美华书馆股东之一,曾大量翻印销
售中文《圣经》,他还担任过上海福丰面粉厂经理,是上海首
个代办外国机器的商人,积累了丰厚身家。在追随孙中山
后,宋嘉树倾力资助革命,是孙中山的"革命理财人"。1905
年 8 月,同盟会在日本东京正式成立,时在日本的宋嘉树成

为首批会员之一。同年冬,宋嘉树远赴美国为革命筹款,经半年奔波,募得巨额资金。回到上海后,宋嘉树向同盟会缴款 200 万美元,由此得任同盟会"司库",并兼上海总部秘书。

武昌起义后,孙中山从海外回到上海,宋嘉树亲赴码头迎接,后又陪孙中山赴南京参加临时大总统就职典礼。1912年 2 月,袁世凯窃取了辛亥革命胜利果实。9 月,孙中山被任命为全国铁路督办,宋嘉树则担任了全国铁路财务处长之职。1913 年,袁世凯开始倒行逆施,打压革命党人,宋嘉树被迫流亡日本。

1914 年 11 月,宋嘉树结束在日本的流亡生活,返回上海虹口老宅。不久,为安全考虑,宋家迁居法租界宝昌路(后为霞飞路,今淮海中路)491 号。

二、邹容、章太炎与《苏报》案

邹容(1885—1905),原名绍陶,谱名桂文,字蔚丹,一作威丹,出生于四川巴县(今重庆巴南)一富商之家。邹容6 岁入塾,1898 年在重庆从日本人学习英、日语。1901 年,到成都参加官费留学日本考试,被录取。临行前,因平日思想、言语激进,被取消资格。1902 年,邹容自费留学日本,入东京同文书院,在学期间大量阅读西方资产阶级民主思想和文化书籍,参加爱国学生运动,编写通俗革命读物,与钮

邹容像

邹容遗著《革命军》

永建共同创建中国协会。

1903 年 4 月,邹容与张继、陈独秀等人因不满南洋留日学生监督姚文甫道德败坏,强行将其辫子剪去,并悬于留学生会馆门前示众,引起清驻日公使蔡钧不满,被迫回国,邹容与张继避居于上海爱国学社,陈独秀则返回老家安庆。此时,爱国学社中已聚集了一批激进人物,如蔡元培、章太炎、章士钊、黄宗仰、吴稚晖等,他们定期于张园集会演说,并常在《苏报》[6]上放言高论,抨击时政。邹容身处其中,深受影响,与章太炎、章士钊、张继意气相投,结为兄弟。

受时局所感,邹容将满腔激情倾注笔端,迅速完成了《革命军》的写作。《革命军》全书约两万字,通篇充满忧患意识,认为中国内受满洲之压制,外受列强之驱逼,内患外侮,两相刺激,十年灭国,百年灭种,而欲御外侮,则需先清内患。邹容汲取西方资产阶级民主革命及自由平等思想,以激昂、浅白的文句阐述反清革命主旨,歌颂革命的神圣伟大,认为革命是天演之公例,要"扫除数千年种种之专制政体,脱数千年种种之奴隶性质",必须用革命手段推翻清政府独裁统治。他还明确提出了建立"中华共和国"的主张,高呼"中华共和国四万万同胞的自由万岁"。书稿既成,署名"革命军中马前卒邹容",送请章太炎审阅修改。章太炎读后拍案叫绝,认为其言虽浅直,却是震撼普通社会的"雷霆之声",欣然为之作序。其后,经柳亚子等革命党人筹措经费,《革命军》于当年 5 月由上海大同书局出版,甫一问世,立刻轰动全国,先后翻印 20 余版,发行百余万册,成为清末反清革命宣传最重要著作之一,被孙中山誉为中国的"人权宣言"。

1903 年 5 月下旬,苏报馆主陈范慕章士钊之才,聘其主《苏报》笔政,全面革新版面、内容,《苏报》言辞更趋激烈。6 月初,《苏报》连载《论中国当道者皆革命党》;9 日,章士钊化名"爱读",在《苏报》推介邹容的《革命军》,盛赞其"诚今日国民教育之一教科书也";10 日、29 日,《苏报》又先后刊载了章太炎的《〈革命军〉序》和《康有为与觉罗君之关系》(节录于《驳康有为论革命书》)。短短月余,《苏报》以"面赤耳热心跳肺张"的炽热言辞宣扬革命,激发人们的反清革命斗志,同时也引起了清政府保守派的强烈仇恨和恐慌。

6 月底,清政府勾结上海租界工部局,悍然抓捕程吉甫(《苏报》账房)、陈仲彝(陈范之子)、章太炎等人,吴稚晖、蔡元培、章士钊因事先获知消息得以逃脱。邹容先是经好友张继介绍,躲入虹口一外国传教士家中,后于 7 月 1 日自行到巡捕房投案,陈范则流亡日本,居于横滨。

围绕《苏报》案被捕众人,清政府与上海租界当局以及列强北京公使团多次交涉,希望交由清政府严惩重判,以维护朝廷权威和尊严。然而工部局始终拒绝交出涉案人员。后经上海公共租界会审公廨三次审讯,1904 年 5 月 21 日,清政府南洋特派委员汪瑶庭和英国副领事翟理斯共同宣布

《苏报》1896年6月26日创刊于上海,1902年后开始倾向革命,
连续发表文章抨击清政府,遭到当局查封,1903年6月底终刊

章太炎像

审判结果,判处章太炎监禁三年,邹容监禁两年,关押于虹口提篮桥工部局监狱。章太炎时年 34 岁,邹容 18 岁。

　　虹口提篮桥工部局监狱建成于 1903 年,规模超过印度孟买监狱和日本巢鸭监狱,号称"远东第一监狱"。章、邹二人被关押在一间长宽各约 4 米的牢房中,分居斗室。不久,二人被派去从事敲石子的苦役。艰苦的体力劳动、恶劣的饮食条件以及印度看守的肆意凌虐使邹容倍受折磨,日渐羸弱。1905 年 4 月 3 日,邹容口吐鲜血暴死狱中,年仅20 岁。此时,离邹容刑满出狱之期仅剩 70 余日。翌日,《申报》刊载题《邹容狱毙》的新闻一则,寥寥数语,令人不寒而栗:

　　　　兹闻邹容于昨日黎明四点钟时病死狱中,由某君派人收敛,髀肉尽消,空存皮骨。生敬邹容者当为惨然。[7]

1901 年虹口提篮桥监狱。提篮桥监狱位于虹口华德路 117号(今长阳路 147 号),1901年由上海公共租界工部局兴建,1903 年 5 月正式启用

邹容死后,遗体被抛于监狱墙外,后由同乡陈竟全等备薄棺收殓,厝于北四川路(今四川北路)的四川义庄,棺上刻"周容",以避清政府耳目。

1906年6月29日,章太炎刑满出狱,当晚乘船东渡,流亡日本,后在日加入同盟会。同年,沪人刘季平将邹容遗骸密葬于华泾镇。辛亥革命后,1912年3月29日,孙中山以中华民国临时大总统的名义,下令追赠邹容为陆军大将军。1922年,章太炎访得墓之所在,赴华泾祭奠,亲题"邹容之墓"碑。1924年,章太炎与章士钊、张继、李根源、于右任发起重修邹容墓,章太炎作《赠大将军邹君墓表》与《赠大将军邹君墓志铭》以志之。

三、秋瑾与《中国女报》

秋瑾(1877—1907[8]),原名秋闺瑾,字璿卿,号竞雄,自号鉴湖女侠,浙江绍兴人。父秋寿南,曾任湖南湘潭厘金局总办、郴州知州等职。秋瑾幼承家学,好诗文,喜读历史书籍和剑侠小说,常以花木兰、秦良玉等巾帼英雄为楷模。及笄后,曾随表兄习拳术、击剑,养成豪爽刚烈性格,不减须眉。

1896年,秋瑾依父命嫁与湖南湘潭富绅子弟王廷钧为妻,婚后感情并不融洽。1900年,王廷钧纳资捐得户部主事,秋瑾随夫赴京生活。时值八国联军侵华,秋瑾亲眼看见列

留日时的秋瑾

《中国女报》第一期封面

强种种暴行,献身救国之志油然而生。她曾在致友人信中说:
"吾自庚子以来,已置吾生命于不顾,即不获成功而死,亦吾
所不悔也。"[9]

　　居京年余,秋瑾以提倡女学为己任,广泛阅览时论报
章,受新学影响渐深。1904年,她冲破封建家庭樊篱,自筹
旅费,决意赴日留学。6月28日,秋瑾与日本友人服部繁子、
高桥勇(北京大学堂教员)结伴同行,自京乘火车抵天津塘
沽,当天登上日本大阪商船股份公司租用的"独立"号轮船,
经仁川、釜山而抵神户,随后改乘火车,于7月4日抵达东
京。时《大公报》有"新闻"记曰:

孙中山给秋瑾题写的挽幛

　　浙江秋璇卿女士,号鉴湖女侠,慷慨激昂,不减须眉,素悲中国教育之不兴,国权之不振,以振兴女学为栽培人材之根本,乃于上月初九日由京起程,游学日本。[10]

　　至东京后,秋瑾先入中国留学生会馆所设日语补习所修习,课余常参加东京留学界各种聚会,并登台演说革命救国道理,宣扬女权思想,由此结识陶成章、陈天华、宋教仁、鲁迅等革命志士。其间,秋瑾和陈撷芬等10名留日女生发起组织"共爱会",自任会长,这是近代中国海外留学生第一个妇女爱国组织;还加入了冯自由等人组织的"洪门天地会",被封为"白纸扇"(军师)。为唤醒民众,秋瑾于东京神田区中国留学生会馆内创办了《白话报》,并以"鉴湖女侠"等笔名,发表《敬告中国两万万女同胞》《警告我同胞》等文章,提倡女学、宣扬男女平等和反清思想。该报月出一册,售钱50文,但限于条件,仅出六期而终。

日语讲习所毕业后,秋瑾考入由下田歌子创办的青山实践女校附设女子师范班。因资助长沙起义失败东来同志生活,这一时期秋瑾生活极为窘迫。为筹措学费,秋瑾不得不于 1905 年春返回国内。其间,经陶成章介绍,先在上海爱国女校拜访蔡元培,后又在绍兴东浦热诚学堂与徐锡麟相见,加入了革命组织"光复会"。

1905 年 7 月 17 日,秋瑾自上海港登轮乘三等舱再度赴日。23 日抵达日本,入青山实践女校学习教育及工艺等科学。同年 8 月,孙中山自欧洲到日本,在东京成立同盟会,经冯自由介绍,秋瑾成为浙江入盟的第一人,并被推为评议部议员和浙江主盟人。

1905 年 11 月初,日本文部省颁布了歧视中国学生的《取缔清国留日学生规则》,中国留学生群起而争,部分留学生主张忍辱力学,另一部分则主张立即退学归国,在上海另办学校,以洗日人羞辱之耻。秋瑾力主归国。在一次浙江同乡集会中,秋瑾慷慨陈词,并从靴筒中拔出倭刀,插于讲台上说:"若有人回到祖国,投降满虏,卖友求荣,欺压汉人,吃我一刀。"[11]12 月 8 日,为抗议日本政府不公,陈天华愤而投身大森海以死。消息传出,东京留学界更为激愤,相率罢课,大批学生启程归国。

1906 年 3 月,秋瑾乘"长江"号商船归国,先是受聘于绍兴浔溪女校任教,不久辞职赴上海,以办学为掩护,在北四川路厚德里 91 号创办"蠡城学社",作为革命联络机关。

居此期间,秋瑾曾与革命同志陈伯平等在阁楼上试制炸弹,不料失手误爆,陈伯平重伤,秋瑾手臂轻伤。为躲避清政府追查,秋瑾不得不避居浙江石门养伤。

同年秋,秋瑾返回厚德里,决意创办一份通俗妇女月刊《中国女报》。秋瑾亲自拟写《创办中国女报之草章及章旨广告》,登于上海《中外日报》,并分送各女学堂。秋瑾原拟集股万元,购置印机,聘请名人担任撰述。但当时上海女界风气未开,社会资助者寥寥无几,集股仅数百元。为筹措经费,秋瑾不得不向湖南夫家要了数千两白银,又得徐自华、徐双韵姐妹捐助一千五百元,终于凑齐所需资金。

1907年1月14日,《中国女报》创刊号面世。该刊为月刊,32开本,每期约60页,内容分论说、演坛、译编、传记、小说、新闻、调查等栏目。主要撰稿人有陈伯平、吕碧城、陈志群等。秋瑾对《中国女报》倾注了极大心血,撰写了大部分稿件。秋瑾称《中国女报》"以开通风气,提倡女学,联感情,结团体,并为他日创设中国妇人协会之基础为宗旨"[12],号召女界为"醒狮之前驱""文明之先导"[13]。面对多数妇女缺乏文化知识的状况,秋瑾采取了"文俗之笔墨并行"的办法,"以便于不甚通于文理者,亦得浏览"。她以炽热的情感、犀利的文笔痛斥了迫害妇女的封建纲常名教和包办婚姻,宣扬妇女解放,使《中国女报》成为指引中国妇女前进的一盏神灯。1907年3月4日,《中国女报》在出版了第二期后,因资金不继,被迫中辍。

在办报的同时,秋瑾仍与徐锡麟等革命党人保持密切联系,暗中策划反清武装起义。1907年春,秋瑾返回绍兴,主持大通学堂体育专修科。她以学堂为基地,整肃校纪,加强师生的军国民教育和军事训练,同时大力联络浙东会党,秘密编制光复军制,并起草了《光复军起义檄文》和《告国人书》。但就在起义前夕,因叛徒告密,起义计划和目标被清政府侦知。7月6日,徐锡麟在安庆被迫提前发动起义,虽刺杀了安徽巡抚恩铭,但旋遭失败,徐锡麟于翌日遭凌迟处死。

7月13日,清军包围大通学堂,秋瑾被捕。两日后,在"秋雨秋风愁煞人"的忧国情怀中,秋瑾于绍兴古轩亭口英勇就义,遗骸被友人收葬于杭州西湖西泠桥畔。

四、虹口革命大本营——中国公学

1905年11月,为反对日本文部省颁布《取缔清国留日学生规则》,东京中国留学生爆发大规模罢课抗议活动,部分学生愤而退学归国,并决定于上海创办专门高等学校,以振兴国内教育,"谋造成真国民之资格,真救时之人才"[14]。至12月底,约有3000余名留日学生返抵上海。

翌年1月,各省归国学生代表在上海派克路(今黄河路)东升里留日学生总会事务所接连聚会,商讨办学。代表们一致认为,中国教育不能长倚外人,必须兴学以挽回教育权。众人推举刘棣英为正干事,朱剑为副干事,庶务和会计则由廖嘉淦、吴勋、姚宏业、王敬芳等人分任,负责宣传、筹款等各种事宜。因拟建的学校含有对外争取民族尊严意义,归国学生又分属十三省,故新学校定名为"中国公学"。

主旨既定,众人开始分头奔走筹备。但募款工作颇不顺利,除上海总商会会长曾铸和社会名流郑孝胥捐献数千元外,社会各界对这一新式学校多持观望态度。最终,数百困苦不堪的归国学生慷慨解囊,聚沙成塔,使这一伟大梦想终告实现。1906年2月,学校租定北四川路底新靶子路(今四川北路)160—165号六幢三层西式住宅作为校址。此处房屋原为李鸿章所有,由外国洋行代为经租,每幢租银160两,共计每月960两。据中国公学早期学生张承櫄(同盟会会员)回忆,除临马路头一幢楼下两大房间分做会客室及教员休息室之用外,其他大房均用作教室。各幢小屋,则作为办公及教职员之宿舍。学生鲜少住校内者,大多租住于学校对面王家庄民房,每月每人两三元至四五元不等。[15]

1906年3月4日,中国公学正式开校。学校设有普通预科两班,中学普通四班,理化专修一班,师范速成一班,首批学生共260余人,依学力程度分班就学。于右任、马君武、陈伯平、宋嘉树等出任教职,高等代数、解析几何、博物学等几门课程则聘请日本人教授。

中国公学校歌（1906 年）

作词：马君武

众学生，勿彷徨，以尔身，为太阳，照尔祖国以尔光，
尔一身，先自强。修道德，为坚垒；求知识，为快枪。

众学生，勿彷徨。尔能处之地位是大战场。尔祖父，
思羲黄，尔仇敌，环尔旁。欲救尔祖国亡，尔先自强！

姚宏业等人对这所新式学校倾注了极多心血，希望其
将来能与美国耶鲁大学、日本早稻田大学相抗衡，"为中国
前途民立大学之基础"[16]。但学校开办后，接连遭遇经费、生
源、学潮等问题，难以为继。1906 年 4 月 5 日，年仅 25 岁，
满怀悲愤的姚宏业蹈黄浦江自尽，以一己之牺牲唤醒了国
人的警醒，各界捐助纷至沓来，终使中国公学摆脱了中辍的
厄运。

中国公学创办于反对日本取缔中国留学生运动中，教
职员及早期学生中思想激进者众多，他们以学堂为掩护，暗
中从事革命活动。如担任庶务的姚宏业、谭心休是华兴会
成员，担任干事的张邦杰、黄兆祥，学监彭施涤、梁维岳，会
计孙性廉，教习宋嘉树、马君武、于右任、沈翔云、梁乔山等
都是同盟会会员，章太炎、陈其美、戴季陶等亦常于此出入。
学生中的革命党人更是多不胜数。据 1906 年夏考入中国
公学的胡适回忆，学校当时革命志士云集，宛若一个"革命
的大机关"。

中国公学大门

　　中国公学是革命运动机关。我那时只有十几岁，初进去时，只见许多没有辫子的中年少年，后来才知道大多数都是革命党人，有许多用的都是假姓名。如熊克武先生，不但和我同学，还和我同住过，我只知道他姓卢，大家都叫他'老卢'，竟不知道他姓熊。同学之中死于革命的，我所能记忆的有廖德璠，死于端方之手；饶可权死于辛亥三月广州之役，为黄花岗七十二人之一。熊克武、但懋辛皆参与广州之役；马君武、沈翔云、于右任、彭施涤诸先生皆是老革命党。中国公学的宿舍常是革命党的旅馆,章炳麟先生出狱后即住在这里,戴天仇先生也曾住过,陈其美先生也时时往来这里。有时候,忽然班上少了一两个同学,后来才知道是干革命或暗杀去了。如任鸿隽忽然往日本学工业化学去了,后来才知道他是学制造炸弹去了;如但懋辛也忽然不见了,后来才知道他同汪精卫、黄复生到北京谋刺摄政王去了。所以当时的中国公学的确是一个革命大机关。[17]

中国公学在清末革命运动中英雄辈出。据学者统计,在同盟会发动的萍浏醴起义和黄花岗起义中,牺牲的中国公学校友就有 18 人。1911 年 7 月 31 日,同盟会中部总会在上海成立,领导长江流域革命斗争,在成立大会的会议名册上,共有 29 人,其中涂潜、邓道藩、陶泳南、张仁鉴、梁鋆 5 人来自中国公学。辛亥革命爆发后,中国公学学生中约一半人参加了革命党,他们以张承槱等人为首,在光复上海之役中出力甚巨。

张承槱(1885—1970),字蓬生,湖北枝江人,早年留学日本,其间加入同盟会。1905 年,因反对“取缔留学生规则”返回上海,入中国公学学习,暗中秘密从事革命活动。武昌起义爆发后,张承槱在沪多方奔走,联络刘福彪、田鑫山等帮会成员,据其回忆称:“旬日之间,有各种各色人等踊跃参加革命,而直接向余行洗礼者达三千余人。”[18]此外,他还不顾个人安危,亲赴沪淞巡防营统领梁敦绰北四川路府邸,劝

章

张承槱像

说其保持中立。11月4日,上海光复之役爆发,张承槱左手持白旗,右手提手枪,率众攻击江南制造局和上海道台衙门。战斗中,张承槱脸部和右腿先后受创,血流不止,乃由部众抬坐一张靠椅上,继续指挥。直至5日上午上海完全为革命军控制后,张承槱才入自新医院治疗。此役中,张承槱果敢勇毅,陈其美曾称赞他是"为上海革命最出力不怕死之人"[19]。

11月6日,上海各界代表聚集于海防厅开会,众人推举张承槱任沪军总司令,但他坚辞不就。后在黄郛提议下,张承槱出任沪军北伐军总司令兼敢死队总司令,不久即率部攻克镇江,并参与光复南京之役。

1913年春,张承槱以光复上海之功,被北洋政府稽勋局派赴美国留学,入华盛顿大学政治经济学系。在美期间被孙中山委为美洲特派员,负责改组该地同盟会为国民党。1918年归国,曾于哈尔滨、江苏、山东等地担任盐务稽核所所长。1929年,任国民党政府审计院审计。后审计院改部,兼任厅长,擢常务次长。1949年后移居台湾。

五、陈其美与其美路

1931年,连接狄思威路(今溧阳路)和翔殷路、淞沪路的翔闸路被更名为其美路,以纪念1916年5月18日被刺身亡的同盟会元老、上海光复后的首任沪军都督陈其美。

陈其美(1878—1916),字英士,号无为,浙江吴兴(今湖州)人,幼读私塾,后家道中落,乃弃学就商。1906年,陈其美在胞弟陈其采(日本士官学校毕业生,时任湖南新军统带)等资助下赴日留学,先后入警监学校、东斌学校,学习警政和军事。其间,结识徐锡麟、秋瑾等人,思想渐趋激进。1906年冬加入同盟会,与黄郛、蒋志清(蒋介石)结为金兰兄弟。1908年春,陈其美受孙中山派遣回国,往来于浙、沪、京、津各地联络革命党人。其后在上海先后创办《中国公报》和《民声丛报》以宣传革命,并资助于右任等创办的《民立报》,担任该报外勤记者。此外,陈其美还曾接办过马霍路(今黄陂北路)德福里1号的"天保客栈",作为革命党人的秘密联络机关,以接待从日本和国内各省来沪的革命人士。

陈其美戎装照

1909 年春,英国大力士奥皮音来沪,在北四川路亚波罗影戏院(今四川北路中行大楼)登台表演,并口出狂言,挑衅华人,激起众多爱国志士愤慨。时苏、沪一带武功不彰,一时无人能敌。陈其美、农劲荪(同盟会会员,曾留学日本)等闻讯后,特邀津门武术名家霍元甲南下与之比试。孰料霍元甲抵沪后,奥皮音竟然不战而遁。彼时,适逢陈其美与宋教仁、谭人凤等组织中国同盟会中部总会,以推动长江流域的革命活动,急需大批精通技击的军事人才,陈其美遂商请霍元甲在上海创办一所体育学校,教授武术技击和军事。霍元甲素有爱国热情,欣然应允。经众人商议,由农劲荪担任会长,以霍元甲为主任教练,校址则由陈其美出面,以每月14 元租得闸北王家宅(今交通路会文路附近)一座两厢一厅院落,中国精武体操学校(亦称中国精武体操会)应运而生,并逐渐发展成为我国近代最具代表性的民间体育组织。

1910 年 6 月,精武会开始招生,首批学员包括陈其美、农劲荪等 73 人。然开课不久,霍元甲于当年 9 月突然去世。后首批学员中陈公哲、卢炜昌、姚蟾伯等重振会务。精武会契合时代需求,以体、智、德三星为会标,倡导"爱国、修身、

北四川路上的精武体育会会所　　位于四川北路 1702 弄 30—34 号的精武体育总会旧址

正义、助人"的精武精神,影响不断扩大。至 1919 年,除倍开尔路(今惠民路)精武总会外,还有南市、鲁班路二处分会,会员数万人。1922 年,陈公哲在北四川路横浜桥福德里觅得空地一块,建造精武中央大会堂。1923 年 7 月,精武会迁入新址。1927 年 9 月,精武会在福德里总会召开精武第一届代表大会,据统计所得,当时国内外精武分会共 49 家,会员逾 40 万人。

陈其美性格豪爽,擅交际,长于谋略。为发展革命力量,陈其美主动接触青帮成员,相继收服应桂馨、李徵五等人为其所用;积极结交江浙资本家,发展王一亭、虞洽卿、朱葆三、叶惠钧等加入同盟会。这些活动使陈其美的势力逐渐壮大,

"上海的戏园里,茶馆、澡堂里,酒楼、妓院里,无论哪个角落都有他的党羽。所以一辈革命同志无论有什么活动都要拉他入伙"[20]。1911 年 7 月 31 日,陈其美、谭人凤、宋教仁等为策动长江流域各省起义,在上海四川路(今四川中路)湖北小学召开中国同盟会中部总会成立大会,陈其美被推为总务会5 名干事之一,掌庶务部。因谭、宋等人常在外活动,在沪的陈其美实际上成为同盟会中部总会日常会务的主持人物。

武昌起义后,陈其美通过沈缦云与上海自治公所总董、商团武装领袖李平书接触,促成李平书转向革命。11 月 2日,陈其美与光复会派赴上海的李燮和在《民声报》社会面,议定 3 日共同发动上海起义。

11 月 3 日午后 3 时,陈其美率 200 余人敢死队,率先进攻江南制造局。进攻受挫后,陈其美以《民立报》记者身份进入制造局,企图劝说守军投降。但制造局总办张士珩不仅不听劝告,反将陈其美五花大绑,钉上脚镣手铐,因于马栅旁一废弃小屋内。直至 4 日 9 时制造局被攻陷后,陈其美方被救出。上海光复影响巨大,成为扭转时局的关键。1919 年,孙中山在《建国方略》一书中,曾高度评价了陈其美此役之功及其意义:

> 革命之成功者,不在武汉之一着,而在各省之响应也。吾党之士皆能见及此,故不约而同,各自为战,不数月而十五省皆光复矣。时响应之最有力而影响于全国

最大者,厥为上海。陈英士在此积极进行,故汉口一失,
英士则能取上海以抵之,由上海乃能窥取南京。后汉阳
一失,吾党以得南京以抵之,革命之大局,因以益振。则
上海英士一木之支者,较他省尤多也。[21]

上海光复后,经各方协商,陈其美出任沪军都督,军政
府主要职位由同盟会、上海绅商及社会名流分任,计有:参
谋部部长黄郛、军务部部长钮永建、外交总长伍廷芳、民政
总长李平书、财政总长沈缦云、交通部部长王一亭、海军部
部长毛仲芳,其中黄郛和钮永建均为留日士官生。其后,陈
其美以沪军都督身份策应各方,先后推动了杭州、镇江及南
京光复,为南北对峙局面的形成奠定了基础。

南北议和达成后,1912年2月,清宣统帝宣布退位,孙
中山不久亦将临时大总统职位让于袁世凯。3月30日,袁
世凯施调虎离山之计,任命陈其美担任唐绍仪内阁工商总
长,陈其美拒不就任。同年7月31日,陈其美被袁世凯解
除沪军都督职务。

1913年宋教仁遇刺后,革命党人掀起了反对袁世凯倒
行逆施的“二次革命”,陈其美出任上海讨袁军总司令。失
败后,他被迫逃往日本。1914年,陈其美在日加入孙中山创
立的中华革命党,任总务部长。1915年,陈其美返回上海,
主持中华革命党在长江流域的反袁斗争,遭到袁世凯嫉恨。
1916年5月18日,陈其美被刺杀于法租界萨坡赛路(今淡

翔殷路其美路口交通指挥台

位于老西门的陈英士纪念塔,于 20 世纪 60
年代被拆除[22]

水路)14 号寓所,年仅 38 岁。孙中山惊闻噩耗后,悲愤不已,
手书"失我长城"以挽之。

　　陈其美对近代上海影响巨大,在这座城市留下了深刻的
烙印。除其美路外,1930 年 11 月,南京国民政府在老西门
(今中华路和方斜路交汇处)兴建陈英士纪念塔,以表彰陈
其美功绩。其遇刺的萨坡赛路亦曾在 1946 年被改名为"英
士路"。新中国成立初,"英士路""其美路"相继更名为"淡
水路""四平路"。

注　释

1. 尚明轩:《孙中山与日本的几个问题》,《贵州社会科学》1994年第3期,第95页。另有学者统计,孙中山共到过日本16次,详见刘祎玲:《孙中山的革命生涯与日本》,天津师范大学、天津市中共党史会编:《纪念孙中山诞辰140周年文集》,天津古籍出版社2006年版,第392页。

2. 广东社会科学院历史研究室、中山大学历史系孙中山研究室编:《孙中山全集》第一卷,中华书局1981年版,第524页。

3. 王志鲜:《项美丽笔下的虹口宋家老宅》,《上海文博论丛》2009年第3期。*The Soong Sisters* 1941年于香港出版,1985年由李豫生、靳建国、王秋海合译为《宋氏家族——父女・婚姻・家庭》(新华出版社出版)。此处采用王志鲜重译文本。

4. 上海市孙中山宋庆龄文物管理委员会、上海宋庆龄研究会编:《宋耀如生平档案文献汇编》,东方出版中心2013年版,第127页。

5. [日]内田良品:《中国革命》,丁贤俊译,《近代史资料》总第66号,第49页。

6. 《苏报》初由胡璋(铁梅)1896年6月26日创刊于上海,并以其妻日本人生驹悦之名向日本驻沪总领事馆注册,馆址位于上海公共租界汉口路20号。1900年,因教案失官的原江西铅山知县陈范(1860—1913)出资收购该报,迁址汉口路27号。从1902年起,《苏报》每日登载中国教育会、爱国学社成员论说,抨击时弊,事实上成为中国教育会和爱国学社的机关报。

7. 《邹容狱毙》,《申报》1905年4月4日。

8. 关于秋瑾出生年月有1875、1877、1878、1879年数种记载,本文取1877年之说。

9. 秋瑾:《致某君书》,陈平原编:《秋瑾女侠遗集》,贵州教育出版社2014年版,第130页。

10. 《大公报》1904年7月22日。

11. 郭延礼编著:《解读秋瑾》(上),山东教育出版社2013年版,第159页。

12. 秋瑾:《创办〈中国女报〉之草章及意旨广告》,《秋瑾集》,上海古籍出版社1979版,第10页。

13. 秋瑾:《发刊词》,《中国女报》1907年第1期,第3页。

14. 王琦:《姚宏业〈遗书〉海外版本的发现及其学术价值》,上海中山学社主编:《近代中国》第28辑,上海社会科学院出版社2018年版,第292页。

注 释

15. 张承槱:《中国公学创办的回忆》,王云五、丘汉平、阮毅成等编:《私立中国公学》,(台)南京出版有限公司 1982 年版,第 152—153 页。

16. 胡适:《中国公学校史》,何卓恩编:《胡适文集》(社会卷),长春出版社 2013 年版,第 12 页。

17. 胡适:《中国公学校史》,何卓恩编:《胡适文集》(社会卷),长春出版社 2013 年版,第 13—14 页。

18. 枝江市政协文史资料委员会编:《珍藏董市》(枝江文史资料第 13 辑),枝江市新华印刷有限公司 2005 年版,第 257 页。

19. 冯自由:《革命逸史》(下),新星出版社 2016 年版,第 998 页。

20. 杨思义:《二次革命失败后国民党人的形形色色》,《文史资料选辑》第 48 辑,第 135 页。

21. 广东社会科学院历史研究室、中山大学历史系孙中山研究室编:《孙中山全集》第六卷,中华书局 1981 年版,第 244 页。

22. "陈英士纪念塔"于 1930 年 5 月 18 日(陈其美逝世 14 周年)开工兴建,同年 11 月 3 日落成。该塔为钢筋框架结构石砌建筑,塔高 26.7 米,内设铁梯,直达顶端。每年逢陈英士纪念日开放一天,可入内登顶游览。塔下大理石镌刻着"陈英士先生之纪念塔"几个大字。塔四周环立电杆,装有 1000 瓦反射灯 4 具,逢特殊纪念日晚上开灯,照射塔顶,以使市民景仰。因地处南市繁华地段,交通便利,此处渐成上海公共活动标志性建筑之一。20 世纪 60 年代,该塔被拆除。

第

四

章

留 日 生

与 中 国 共 产 党 的 创 建

进入 20 世纪后,随着赴日游学人数的激增,日本近代社会主义运动及相关书籍开始进入国人视野。从 1901 年起,在留日生创办的《译书汇编》《浙江潮》《民报》等刊物中已渐有涉及社会主义、马克思主义理论的内容,一些译自日本社会主义学者著作的书籍亦渐次出现,留日生成为近代传播社会主义、马克思主义思想的主力。在历经新文化运动和五四运动的涤荡后,他们中的部分先进分子逐渐转变为马克思主义者,在创建中国共产党的历史进程中做出了杰出的贡献。

一、留日生与马克思主义的早期传播

1899 年 2 月到 4 月,上海广学会主办的《万国公报》在第 121—124 册中连载了英国传教士李提摩太和蔡尔康共同翻译的《大同学》,文中有"以百工领袖著名者,英人马克思也""讲求安民新学之一家,如德国之马客偲"等字句,虽多舛误之处,却是"马克思"三字首见于中文报端。《大同学》译自英国学者本杰明·基德的《社会进化论》一书,并非对马克思及其思想的专门介绍,且其译文增删篡改,滞晦难通,故在当时并未引起太多关注。

留日运动兴起后,一批又一批的青年学子和革命志士负笈东瀛,将"欧美日本'学理'最新之书……汇辑成编,饷遗海内"[1]。由此,工团主义、无政府主义、基尔特社会主义等各种社会主义学说纷呈于报章之上。在此过程中,作为科学社会主义的马克思主义思想逐渐引起了马君武、朱执信、宋教仁、叶夏声等早期资产阶级革命家的关注。其中,马君武是介绍马克思主义最具热情的一位。

马君武(1881—1940),原名道凝,又名同,字厚山,后改名和,号君武,祖籍湖北蒲圻(今湖北赤壁),出生于广西桂林。1897年考入唐景崧主持的广西体用学堂,专攻西学,旁涉经史。1900年至广州法国教会所办丕崇学院学习法语。同年7月,远赴新加坡,拜谒康有为,受命返桂举义,事败后茬沪求学。1901年,入震旦学院,法文造诣益深,"初译《法兰西革命史》,其革命思想殆如朝曦东升"[2]。同年冬,马君武在友人资助下赴日留学,不久以广西公费入京都帝国大学攻读应用化学。在学期间,马君武关心政治、经济问题,逐渐为社会主义思想所吸引。

1903年2月,马君武在《译书汇编》第11号发表了《社会主义与进化论比较》一文,比较分析了社会主义和达尔文主义之异同。文中称"社会主义者,发源于法兰西人圣西门、

章

佛礼儿,中兴于法兰西人鲁意伯龙、布鲁东,极盛于德意志人拉沙勒、马克司",明确将马克思主义视为社会主义思想发展的高级阶段,认为人类社会如实行社会主义,"人群必大进步,道德、智识、物质、生计之属必大发达,此世界之光景一大变",并称"社会主义诚今世一大问题,最新之公理皆在其内,不可不研究"[3]。为便于读者研读社会主义思想,马君武还在该文末尾附录了"社会党巨子"26部著作书名,包括圣西门6部、傅立叶1部、路易·勃朗1部、蒲鲁东3部、拉萨尔10部、马克思5部。列于马克思名下的5部著作为《英国工人阶级状况》《哲学的贫困》《共产党宣言》《政治经济学批判》和《资本论》,这是中国近代以来首次将《共产党宣言》《资本论》等马克思著作介绍到中国。此后,马君武又相继发表了《社会主义之鼻祖德麻司摩儿之严华观》(德麻司摩儿今译托马斯·莫尔)、《圣西门之生活及其学说》、《佛礼儿之学说》(佛礼儿今译傅立叶)等数篇介绍西方空想社会主义的文章。1903年4月,马君武还在《新民丛报》发表了《弥勒约翰之学说》一文,介绍了近世欧洲社会主义运动,认为"社会主义日益光明,社会党之势力日益增大",表现出对社会主义的期待之情。

　　马君武在日留学先后4年,广泛的阅读使其眼界大开。1901年冬,马君武结识了梁启超和日本志士宫崎民藏、宫崎寅藏兄弟,并开始为《新民丛报》撰稿。翌年,在宫崎民藏引荐下,于横滨拜见了孙中山。受孙中山感召,马君武思想为之一变,对革命真谛彻悟,认为"康梁者,过去之人物也;孙公,则未来人物也"。自是,马君武开始追随孙中山,走上了民主革命的道路。1905 年 8 月,孙中山在东京组建同盟会,马君武为首批会员,任广西主盟人,参与起草同盟会章程,并成为《民报》撰稿人之一。

　　1906 年,马君武因不满日本政府颁布《取缔清国留日学生规则》,弃学归国,在虹口参与创建中国公学,任教务长兼理化教授,并为中国公学创作了充满革命激情的校歌。1907年,因参与反清革命活动被通缉,马君武被迫流亡欧洲,入德国柏林工业大学冶金专业,1911 年毕业并获工学博士学位,成为我国留德学生中获得博士学位第一人。武昌起义后,返回国内,历任孙中山总统府秘书长、国会议员、司法部部长、教育总长、广西省省长等职。1923 年后,投身教育,出任上海大夏大学首任校长,还曾担任过北京工业大学、广西大学、中国公学校长,时与蔡元培并称"北蔡南马"。

　　早期资产阶级革命家朱执信亦是宣传马克思主义思想极为突出的代表。留学日本法政大学期间,朱执信相继在《民报》发表了《德意志社会革命家列传》《英国新总选举劳动党之进步》《从社会主义论铁道国有及中国铁道之官办私办》等文,对《共产党宣言》《资本论》等均有介绍。湖南人赵必振,1900 年"自立军"起事失败后赴日,1902 年回到上海,1903 年其翻译的《近世社会主义》出版,较系统地介绍了马克思的生平与学说。宋教仁译自日文的《一千九百零

朱执信以蛰伸为笔名发表于《民报》第二号的
《德意志社会革命家小传》

五年露国之革命》《万国社会党大会略史》，分别详细介绍
了俄国1905年革命和第二国际的发展历史。就读于早稻田
大学的廖仲恺写的《社会主义史大纲》《无政府主义与社会
主义》《虚无党小史》，虽以介绍欧美社会主义思想流派为
主，但亦有不少内容涉及马克思主义相关学说。总体而言，
早期资产阶级知识分子对马克思主义的了解多是片断的、
零星的，仅是将其作为政治经济学说的一个流派进行介绍，
大多亦只停留在只言片语和段落章节的摘抄、翻译上，但筚
路蓝缕以启山林，其于马克思主义在中国的传播仍有巨大
的开创意义。

俄国十月革命胜利后，马克思主义的科学性、批判性和

斗争性得到了充分展现,部分留日生开始将马克思主义与中国实际问题联系起来,开始探索以其指导中国社会革命实践的可能性。在他们的努力下,中国对马克思主义的研究和宣传被推向了更加深入的层面。

二、新文化运动和五四运动的洗礼

辛亥革命推翻了清王朝的封建专制统治,却并没有结束中国的乱象。从南京临时政府到北洋政府,社会秩序混乱不堪,充斥着无休止的党争、分裂和暴力冲突。孙中山在《建国方略·自序》中曾痛斥道:"夫去一满洲之专制,转生出无数强盗之专制,其为毒之烈,较前尤甚,于是而民益不聊生矣!"一些知识分子在失望和痛苦中反思辛亥革命失败的教训,认为中国以往过于偏重对西方形式的模仿,却未曾触及西方立国的根本,要建立名副其实的共和国,必须从根本上改造国民性,一场以变革人心为目标的新文化运动在知识界逐渐酝酿。

(一)陈独秀与《青年杂志》

1914 年 5 月,曾任上海《民立报》主笔的章士钊在东京创办反对袁世凯的政论性杂志《甲寅》,特邀时因参加"二次革命"失败而寓居上海的陈独秀襄助,陈独秀再度赴日。

陈独秀像

《青年杂志》第一期封面

　　陈独秀（1879—1942），原名乾生，字仲甫，号实庵，安徽怀宁人。1896年中秀才，次年应江南乡试落第，遂绝科举之志，入杭州中西求是书院学习。1901年因参与反清活动，遭清政府通缉，流亡日本，入东京高等师范学校速成科。翌年3月归国，在安庆藏书楼与何春台、柏文蔚等人组织"励志社"，鼓动革命。同年9月，陈独秀二次赴日，入成城学校陆军科，结识章太炎、邹容，并与张继、蒋百里、苏曼殊等发起成立"青年会"。1903年因参与"剪辫事件"被迫归国，在安庆组织"安徽同志会"推动拒俄运动，受当地政府镇压，被迫逃往上海，协助章士钊主编《国民日日报》，后回安徽创办

《安徽俗话报》,并在芜湖组建近代安徽第一个具有军事色彩的革命组织"岳王会"。1907 年,因清政府侦缉,陈独秀第三次流亡日本,入正则英语学校,专攻英语,其间助苏曼殊完成《悲惨世界》的翻译和出版工作。1909 年秋归国,执教于杭州陆军小学校。辛亥革命后,出任安徽都督府顾问、秘书长。"二次革命"讨袁失败,陈独秀逃亡上海,探寻新的革命出路。在接到章士钊邀约后,陈独秀欣然而往。

　　历经清末民初种种黑暗政局,目睹了颓丧枯败的社会现实,此时陈独秀已深刻认识到中国不能仅仅依靠执政者的觉悟来拯救国家,而必须进行彻底革命。1914 年 11 月,陈独秀第一次以"独秀"为名在《甲寅》第 4 期上发表《爱国心与自觉心》一文,认为"今日之中国,人心散乱,感情智识,两无可言",人民既无爱国心,又无建设近代国家的自觉心。他更一针见血地指出:"今吾国之患,非独在政府,国民之智力,由面面观之,能否建设国家于二十世纪,夫非浮夸自大,诚不能无所怀疑。"这显示出陈独秀已有意将中国的变革从表面政治推向更深刻的社会文化基础方面。

　　1915 年 6 月,陈独秀返回上海,决心筹备创办一份自己的刊物,以推动一场文化革命。在同乡汪孟邹(亚东图书馆创办人)的介绍下,陈独秀得到群益书社湖南籍出版家陈子沛、陈子寿兄弟[4]襄助,解决了出版、发行和编辑费用问题。9 月 15 日,具有划时代意义的《青年杂志》在陈独秀寓所法租界嵩山路南口吉益里 21 号诞生。在发刊词《敬告青年》

一文中，陈独秀以热烈的文字寄语青年，提出了6点希望，亦即符合时代要求的新国民性的标准。

> 敬告青年
> 自由的而非奴隶的；
> 进步的而非保守的；
> 进取的而非退隐的；
> 世界的而非锁国的；
> 实利的而非虚文的；
> 科学的而非想象的。

《青年杂志》的创刊是新文化运动开启的标志。陈独秀将一批志同道合，思想开放、活跃的知识分子，如李大钊、刘半农、钱玄同、胡适、吴稚晖、高一涵、易白沙、吴虞、鲁迅、谢无量、潘赞化、杨昌济、苏曼殊等紧密团结起来，高举科学、民主旗帜，以振聋发聩的语言大力提倡新文学、新道德，向落后保守的封建思想发起了持续、猛烈的进攻，掀开了中国近代最伟大思想启蒙的序幕，而陈独秀则成为新文化运动无可争议的旗手。

1916 年 9 月 1 日，《青年杂志》易名《新青年》继续出版。翌年初，陈独秀出任北京大学文科学长，编辑部亦随之移至北京，但印刷、发行工作仍交于群益书社。1920 年上半年，《新青年》编辑部重返上海，落址于环龙路渔阳里 2 号（今南昌路 100 号）。从 1920 年 9 月的第八卷第一号起，成为上海共产党早期组织机关刊物。

（二）留日生与五四运动

1918 年 5 月，北洋政府与日本秘密签订《中日陆军共同防敌军事协定》和《中日海军共同防敌军事协定》，使日方获得在华驻军并自由出入我国东北和蒙古的特权，为害之深，尤甚于"二十一条"。在上述协定尚未签订时，消息已有泄露，留日学子无不义愤填膺，立刻在阮湘、王兆荣、王希天、李达等人的领导下掀起了大规模的反帝救国"拒约运动"。

阮湘（1889—1947），字淑清，湖南岳阳人。1906 年入巴陵公学（后改岳阳县立中学），1910 年考入上海中国公学。1913 年以湖南公费留日，先后在东京第一高等学校、京都帝国大学经济科就学，因才能出众，被推为中国留日学生总会会长。1915 年，东京留学界反对袁世凯政府签订"二十一条"，阮湘号召 2000 多名留日生集会抗议，时任留日学生总干事的李大钊起草《敬告全国父老书》通电全国，呼吁全国人民一致抵抗日本帝国主义的侵略，挽救国家危亡。

1918 年 5 月 3 日，留日学生总会发起罢课，东京帝国大学、东京第一高等学校、明治大学、法政大学等各官、私立学校中国学生群起响应，参加者高达留日生总数的 96%。与此同时，2000 余名留日学生赴驻日公使馆抗议，沿途遭到日本军警殴打、侮辱，40 余人被捕。4 日至 5 日，留日学生总会、各省同乡会、各校同窗会在东京中华留日大商俱乐部连续召开联合会议，决定全体留日学生罢学归国，组建"中华民国留日学生救国团"，以王兆荣、张有桐、阮湘组成领导机关，设总部于上海，并选派"先发队"，分赴上海、北京。时在东亚高等预备学校留学的周恩来亦曾积极参与此次会议。会后，大批留日生纷纷归国，几所与中国留学生关系密切的日本学校几至停办。

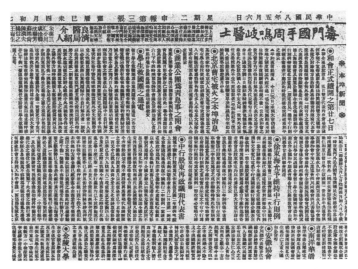

1918 年 5 月 6 日《申报》刊登留日学生救国团为山东问题致全国通电

5月8日,先发队100余人乘"熊野"轮回国,12日抵达上海,随即于霞飞路仁和里163号设立本部机关,以王兆荣主持,各省派两名代表参加总部工作。阮湘、李达、龚德柏、王希天则往北京联络。15日,联络团与北京大学李大钊以及学生积极分子许德珩、邓中夏等会面,商定于北京发起一次群众性的请愿活动。经众人分头活动,21日,北京大学、北京师范大学、法政专门学校、高等工业专门学校等师生2000余人,集结于新华门大总统府前游行请愿,要求废除中日军事协定,阮湘、李达、许德珩等13人代表学生当面向代理大总统冯国璋递交请愿书。这是近代以来中国第一次大规模的以学生为主体的反帝爱国斗争,亦为五四运动之预演。在上海,5月31日,归国学生及中国公学、复旦大学等13所学校学生2000余人,聚集于西门外公共体育场,列队前往沪军使署请愿,要求拒约。为扩大爱国宣传,揭露日帝野心,上海留日学生救国团于当年7月创办《救国日报》,设址于法租界打铁浜延庆里(今延庆路)385号,以救国团副团长喻育之任报社总经理,温立任报社总编辑,曾琦、张梦九任主笔。该报曾在苏、浙一带产生巨大影响,后因经费等问题,于1920年停刊。

留日学生救国团是五四运动前中国历史上规模最大的学生组织,先后活动约半年之久。在其影响下,学生救国会、少年中国学会、北京大学平民教育讲演团等新型学生社团组织渐次出现,而插入北京各大学的归国留日生则纷纷成为这些社团的骨干力量。他们的活动与宣传促进了中国人民的觉醒,成为五四运动的重要前提。日本学者实藤惠秀曾评论说:"留日学生归国后,高举抗日的旗帜,对本国同胞宣传,促使他们认清时局的严重性……这就是促成翌年五四运动爆发的原因之一。留日学生以无比的爱国热情,再次焕发了中华民族的青春,其功绩无论如何是伟大的。"[5]

1919年1月18日,举世瞩目的巴黎和会正式开幕。28日,英、法、美、日、意五国开始讨论中国代表团所提收回被日强占的胶州湾、胶济铁路及一切附属权利的提案。上海留日学生救国团闻讯后率先公开发表《媾和意见书》,提议组织"国民赴欧公诉团",向世界人民揭露日本蛮横行径。随后,救国团又在2月8日、9日两次致电出席和会的中国代表团,强烈要求顾维钧、王正廷等人顾念国家存亡之危,据理力争。延至4月下旬,于中国不利之消息不断传出,民间舆论愈发激昂。5月3日晚,北京大学召开学生代表大会商讨对策,各校学生代表亦应邀参加。会议决定翌日于天安门举行北京学界大示威活动。担任此次会议记录的是归国留日生黄日葵(时为北大学生),《京报》社长邵飘萍(曾留学日本法政大学,时兼任北大讲师)则向大会详细介绍了山东问题,他们对发动五四大游行的决策起到了直接的推动作用。

五四运动爆发后,大批1918年归国的留日生立即投身其中,或参与游行示威,或四处奔走联络。"身处仇国"的中国学生亦迅速响应。5月4日当天，留日学生总会致电北京政府，要求惩办卖国贼曹汝霖、章宗祥、陆宗舆三人，以谢国人。7日，留日学生3000余人在澎湃等人领导下于东京集会纪念国耻，随后众人不顾日本军警阻挠，手持书有"打倒军国主义"等口号的旗帜，游行至各国使馆递交外交问题意见书，其规模声势几与北京游行相当，被称为"东京的五四运动"。此后，彭湃、王若飞、黄齐生、陈望道等大批留日生再次掀起罢课浪潮，纷纷驰返中国，投身火热的斗争中。

三、向马克思主义者转变

新文化运动和五四运动的洗礼进一步促发了留日生中先进知识分子思想上的转变，他们中的代表人物开始自发地研究和宣传马克思主义思想，为中国共产党的创建在思想上奠定了基础。

（一）李达

李达（1890—1966），字永锡，号鹤鸣，湖南零陵（今永州）人，幼读私塾，15岁入永州中学，1909年考入京师优级师范学堂（今北京师范大学前身），1912年学校停办后返回湖南，曾短暂就读于长沙湖南工业专门学校、湖南优级师范。1913年，李达以第二名的成绩考取湖南留日官费生，入东京第一师范数理科学习。翌年，因肺病退学。1917 年再度赴日，入第一高等学校学习理科。1918 年，李达积极参加了留日生拒约运动，回国赴京、津等地联络学生，发动请愿活动。运动失败后返回日本。

拒约运动的失败使李达深刻认识到："要想救国，单靠游行请愿是没有用的；在反动统治下，实业救国的道路也是一种行不通的幻想。只有由人民起来推翻反动政府，像俄国那样走革命的道路。而要走这条道路，就要加紧学习马克思列宁主义的理论。"[6] 为此，重返日本后的李达毅然放弃原先专业，转而师从日本近代著名马克思主义哲学家河上肇学习。在 1918 年至 1920 年间，李达刻苦攻读了《共产党宣言》《资本论（第一卷）》等大量马克思主义经典理论著作，在《民国日报》副刊《觉悟》上先后发表了《什么叫社会主义》《社会主义的目的》《战前欧洲社会党运动的情况》等文章，介绍欧洲各社会主义政党的情况，同时翻译了赫尔曼·郭泰的《唯物史观解说》、考茨基的《马克思经济学说》、高畠素之的《社会问题总览》三本著作，先后由中华书局出版，成为五四前后进步知识青年的重要读物。

1920 年 11 月，由李达任主编的上海共产党早期组织机关刊物《共产党》创刊，着重宣传共产党的知识，介绍有关共产国际和国际共产主义运动的情况以及俄国共产党的经验等，成为中共建党之前，上海宣传马克思主义思想的重要刊物。

（二）李汉俊

李汉俊（1890—1927），原名书诗，字人杰，号汉俊，湖北潜江人，5岁发蒙，后曾于武昌新式高等小学堂读书。1904年，12岁的李汉俊随兄长李书城一同赴日，先后求学于经纬学堂和晓星中学，后考入东京帝国大学土木工科。留日期间，李汉俊深受河上肇、堺利彦等日本社会主义者的影响，开始大量研读马克思主义理论著作。李汉俊通晓日、德、法、英4国语言，这为他学习马克思主义原著带来了极大优势。

1918年底，已在日本留学14年的李汉俊毕业回国，任武昌高等师范和高等商专教授，寓于黄土坡洪井巷。除白日赴校上课外，他还每晚在家中为进步学生讲解马克思主义，"董必武、耿丹、陈雪涛、危洪生、李伯刚也天天来听讲"，因此被董必武尊为"诲人不倦的马克思主义老师"[7]。因思想激进，引起当地军阀关注，李汉俊在武昌无法存身，遂于1919年初转至上海，住在法租界贝勒路树德里3号（后称望志路106号、兴业路76号，现为中共一大会址）其兄李书城家中。此后，李汉俊参加了《星期评论》周刊的编辑工作，并成为主要撰稿人。居沪期间，李汉俊利用自身语言优势，大量阅读各种马克思主义书籍和报刊，昼夜伏案翻译、写作，积极研究、宣传马克思主义。他充分利用在《星期评论》工作的便利，联络《新青年》《民国日报》《妇女评论》《建设》

1919年李书城（右2）、李汉俊（右3）与家人合影。李书城曾任新中国首任农业部部长

《小说月报刊》等报刊，以人杰、汉俊、汗、先进、海晶等笔名，发表宣传马克思主义和支持工人运动的原创文章与译文90余篇，如《马克思资本论入门》《改造要全部改造》《俄罗斯同业组合运动》《我在俄罗斯的生活》等。单在《星期评论》上，李汉俊发表宣传马克思主义的文章就达38篇之多，并在党的历史上第一次提出阶级论，驳斥了张东荪等人鼓吹的资产阶级改良主义的谬论。他和陈望道、施存统、俞秀松等人一起，将《星期评论》变成为宣传马克思主义的重要阵地。

第 四

（三）陈望道

陈望道（1891—1977），原名参一，笔名陈佛突、陈雪帆、南山、张华、一介、焦风、晓风、龙贡公等，浙江义乌人。幼读私塾，后入义乌绣湖书院、浙江省立金华中学堂、浙江之江大学学习。1915年，陈望道赴日留学，先后就读于东亚预备学校、早稻田大学、东洋大学、中央大学，1919年毕业并获日本中央大学法学学士学位。在四年半的留日生涯中，陈望道结识了河上肇、山川均等人，开始接触马克思主义，并和他们一起积极开展十月革命宣传和马克思主义的传播活动，逐渐认识到"救国不单纯是兴办实业，还必须进行社会革命"，并热烈向往十月革命的道路。

1919年五四运动爆发后，陈望道回国，应聘执教于浙江第一师范学校，同时积极投身新文化运动和马克思主义的宣传。同年底，受上海《星期评论》社戴季陶邀请，于家乡义乌潜心翻译《共产党宣言》。陈望道以《共产党宣言》日文译本（戴季陶提供）为主，并参考英文译本（陈独秀提供），花费平常译书五倍时间，至1920年4月下旬，终于完成翻译工作。此后，译稿经陈独秀、李汉俊校阅，于1920年8月由上海社会主义研究社列为社会主义研究丛书第一种正式出版。这是《共产党宣言》的第一个中文全译本，一经出版，立即在工人阶级和先进知识分子中产生了热烈反响，至1926年5月，该译本已先后印刷17版，是民国时期国内流

陈望道译《共产党宣言》

传最广、影响最大的一部马克思主义经典著作。

除《共产党宣言》外，陈望道还翻译了《空想的和科学的社会主义》一书，并发表《马克思底唯物史观》《社会主义的意义及其类别》《唯物史观底解释》《个人主义与社会主义》《产业主义和私有财产》《资本主义的发展》等众多介绍、宣传马克思主义思想的文章，是我国早期宣传马克思主义的核心人物之一。

四、留日生与中共建党

（一）"北李南陈"相约建党

1917 年，陈独秀应聘出任北京大学文科学长。不久，李大钊接替章士钊，出任北京大学图书馆馆长一职。二人都曾在日本东京帮助章士钊办理过《甲寅》杂志，此时在北大校园中又相聚，成为《新青年》的同仁。

　　李大钊(1889—1927),字守常,直隶乐亭(今属河北)
人,幼读私塾,1907年考入天津北洋法政专门学校,受时潮
所染,渐有民主思想,1912年于北京加入社会党。1913年
夏得孙洪伊、汤化龙资助东渡日本,翌年9月,考取早稻田
大学,入政治经济学本科学习。其间,结识章士钊,为《甲寅》
撰稿。1915年参加留日生反对"二十一条"的斗争。1916
年1月,为讨袁事宜,由横滨乘船回到上海。半月后返日,因
长期缺课被学校开除。后被推举为留日学生会文事委员会
编辑主任,编辑《民彝》杂志。同年5月,因感"再造中国之
不可缓",离日返沪。7月,受孙洪伊之邀,赴北京任《晨钟报》
总编辑,翌年转任章士钊所办《甲寅》日刊编辑。1918年初,
受聘担任北京大学图书馆主任。

　　数年留学和办报经历,使李大钊对北洋政府的腐败及议
会政治的混乱日益失望,开始探求新的救国道路。早在留
日期间,李大钊对社会主义理论已有接触。十月革命胜利
后,深受启发的李大钊开始关注工人生存、妇女解放等社会
现实问题。1918年7月,李大钊发表《法俄革命之比较观》,
分析了十月革命与法国革命的不同性质,赞扬俄国革命的
伟大意义和地位,认为"俄罗斯的革命是二十世纪初期之革
命,是立于社会主义上之革命",是世界新文明之曙光,中国
的道路也应该"适应此世界的新潮流"[8]。这表明李大钊的
思想已经摆脱原有桎梏,开始接纳马克思主义思想。

　　巴黎和会的失败及五四运动的爆发使李大钊和陈独秀

1919 年李大钊在《新青年》第六卷
第五号上发表《我的马克思主义观》

都受到了极大冲击。帝国主义的蛮横、人民的巨大力量加
速了他们思想的转变。1919 年 9 月起,李大钊相继在《新青
年》上发表《我的马克思主义观》《由经济上解释中国近代
思想变动的原因》等文,第一次比较系统、完整地阐释马克
思主义理论,并开始尝试运用马克思历史唯物主义等基本
原理来解决中国现实问题。此时的李大钊已真正成长为一
名马克思主义者。与此同时,陈独秀发表《谈政治》一文,初
步运用马克思主义阶级斗争和无产阶级专政学说,批判资

产阶级和封建旧势力阻碍建立社会主义新制度的企图。到1920 年,陈独秀正式公开声称自己为"社会主义者"[9]。陈独秀和李大钊思想的转变在当时进步知识分子群体中影响巨大,1920 年 8 月,赵世炎就曾在一张李、陈二人合影照片上写道:"北李南陈,两大星辰,漫漫长夜,吾辈仰承。"[10]

1920 年初,陈独秀受邀往武汉演讲,因宣传革命思想遭湖北军阀驱逐。回京后,被京师警察厅监视居住。李大钊为陈独秀安全计,决定亲自护送陈独秀出京,途中李大钊装扮为收账先生,将陈独秀藏于一辆骡车中。在往天津的路上,二人商讨了在中国建立共产党组织的问题。

(二)上海共产党早期组织的成立

1920 年 2 月,陈独秀从北京回到上海。不久,搬到老渔阳里 2 号,并将《新青年》编辑部迁到此处。这里迅速成为陈独秀与李汉俊、沈雁冰、邵力子、陈望道等一些进步知识分子聚会、学习的中心。

同年 4 月,为了解中国政治情况、与中国进步力量建立联系并伺机推动革命发展,俄共(布)远东局派遣全权代表维经斯基率团赴华运动。维经斯基先在北京与李大钊见面,后经李大钊介绍,南下上海与陈独秀会晤。抵沪后,他们在虹口蓬路(今塘沽路)12 号建立《上海俄文生活日报》记者站,维经斯基以报社记者之身份开展活动。

创办于蓬路（今塘沽路）12 号的《上海俄文生活日报》（中共一大纪念馆藏）

　　4月下旬，在陈独秀的召集下，陈望道、戴季陶、沈玄庐、李汉俊、张东荪、邵力子、沈雁冰、陈公培、俞秀松、施存统、刘大白、沈仲九、丁宝林等人聚集在陈独秀寓所与维经斯基举行了座谈。维经斯基向众人介绍了俄国十月革命及革命后政治、经济、教育等情况，令众人眼界大开。其后，类似的座谈会又举行了数次，继续讨论社会主义学说和中国革命问题。戴季陶和张东荪因理念不合不再参加。到了5月，陈独秀发起成立了马克思主义研究会，成员有李汉俊、陈望道、沈玄庐、施存统、杨明斋、俞秀松、沈雁冰、邵力子等，以进一步学习和宣传马克思主义。此时的上海，已形成了一个以陈独秀为中心的共产主义知识分子群体。

　　6月，陈独秀、李汉俊、俞秀松、施存统、陈公培5人在陈独秀寓所开会,决定成立党组织,并由李汉俊起草了党的纲领十条。关于党的名称,初定为"社会共产党",后在李大钊的建议下,定名为"共产党"。8月,中国共产党早期组织在老渔阳里2号正式成立,陈独秀被推选担任书记。据统计,至1921年7月前,先后加入上海共产党早期组织的共有17人,其中多达11人有留日经历,分别是陈独秀、李汉俊、李达、陈望道、沈玄庐、邵力子、林伯渠、沈雁冰、沈泽民、施存统和周佛海。[11]

在上海共产党早期组织的创建过程中,陈独秀居功至伟。陈独秀又分别给在武汉的李汉俊、广州的谭平山、湖南的毛泽东、济南的王乐平、日本的周佛海和法国的张申府写信,推动在各地早日建立共产党组织。在他们的努力下,1920年10月,李大钊等在北京成立早期组织,当时称"共产党小组"。1920年秋至1921年春,董必武、陈潭秋、包惠僧等在武汉,毛泽东、何叔衡等在长沙,王尽美、邓恩铭等在济南,谭平山、谭植棠等在广州,成立了共产党早期组织。在日本、法国,成立了由留学生和华侨中先进分子组成的共产党早期组织。这些情况表明,上海共产党早期组织实际上成了中国共产党的发起组织。

(三)开天辟地的大事变

1921年7月23日,上海法租界望志路106号(今兴业路 76 号）迎来了一批口音各异的客人。房主李书城是曾留学日本的同盟会元老，一年前刚刚租下望志路 106 号、108 号两幢石库门，并将两房打通，称为"李公馆"，与其弟李汉俊一家同住。此时，李书城已前往湖南主持讨伐湖北督军王占元的军务，并不在家中。客人是李书城胞弟李汉俊的朋友。

李汉俊交游广泛，此前就常有朋友来访。李书城夫人薛文淑常觉得李汉俊的朋友们很怪异："他们在一起经常发生争论，有时像是在吵架。我以为一定是闹翻了，可是第二天这些人还是照常来，从表情上看不出有什么不愉快。他们常深更半夜才出门。我曾对书城提起，但书城说'汉俊的事，你就不要去管'，可见他对汉俊的事是了解的。"[12]

这天参加会议的代表有：上海的李达、李汉俊，北京的张国焘、刘仁静，长沙的毛泽东、何叔衡，武汉的董必武、陈潭秋，济南的王尽美、邓恩铭，广州的陈公博，旅日的周佛海；包惠僧受陈独秀派遣出席了会议。共产国际代表马林和尼克尔斯基出席会议。在广州的陈独秀和在北京的李大钊因有其他事务未出席。当时全国共有 50 多名党员。众人在客厅的长餐桌前坐了下来，影响深远的中国共产党第一次全国代表大会正式开幕。

这个后来闻名于世的客厅，日人芥川龙之介在此前三个月刚刚来过，在其所著《上海游记》中，芥川龙之介对其有如下描述：

中共一大会址内景

　　童仆把我们带到客厅。客厅有一张长方形桌子,两三把西式座椅。桌上摆着碟子,碟子里盛着陶瓷仿制的水果:梨、葡萄和苹果。除了这些拙劣的仿制品之外,厅里并无摆设任何可赏之物。但室内洁净无尘。这种简朴的氛围令人惬意。[13]

　　中共一大的代表平均年龄28岁,最大的何叔衡45岁,最小的刘仁静只有19岁。他们中,除代表上海的李汉俊、李达外,董必武、周佛海亦有留日经历。董必武在1914年

28 岁时东渡日本,在东京私立日本大学攻读法律。其间受孙中山影响,曾加入中华革命党。周佛海当时尚在日本鹿儿岛第七高等学校读书,是利用暑假回国参加会议的。

会议期间,大会先听取各地汇报工作,接着开始起草党的纲领和工作计划。在讨论党的纲领时,代表们产生了激烈争论。7 月 30 日晚,会议被一突然闯入的中年男子打断,代表们为安全计,决定将最后一天的会议转移到嘉兴南湖的游船上进行。这次大会确定党的名称为"中国共产党",党的纲领是"革命军队必须与无产阶级一起推翻资本家阶级的政权","承认无产阶级专政,直到阶级斗争结束","消灭资本家私有制",以及联合第三国际。并选举陈独秀担任中央局书记,张国焘分管组织工作,李达分管宣传工作。

中共一大宣告了中国共产党正式成立。从此,中国革命有了新的领导核心、新的指导思想、新的斗争策略和革命方法,中国革命面貌焕然一新。

五、建党先驱的虹口足迹

上海虹口因港而兴,海陆交通便捷,境内领事馆林立,外侨云集。从晚清到民国,无数学子由此出发,负笈东瀛,又从这里登岸归国,施展抱负。华洋混处的社会结构,越界筑路"三不管"地带的公权缺失,为革命活动提供了种种便利,中共四大于此召开,上海市总工会秘密办公机关、中共中央宣传部、中共江苏省委、《红旗》杂志印刷所等党的重要机构都曾设于此处，这使虹口成为建党初期党的重要活动区域之一。

（一）陈独秀与虹口工人运动

上海"六三"工人大罢工推动了五四运动的胜利，也使陈独秀看到了工人阶级的巨大力量。1920年2月，刚刚出狱不久的陈独秀返回上海，立刻投入推进马克思主义与工人相结合的运动中。虹口自晚清以来形成了以船舶修造和纺织业为主的工业体系，产业工人众多，成为陈独秀联系工人的重要区域。

对于虹口，陈独秀并不陌生。在此前的革命生涯中，他曾五次东渡日本，每次必在日邮所属的日邮中央码头或汇山码头乘船。此次重回虹口，陈独秀立即深入工人群体展开各种调查。4月2日，船务栈房工界联合会于北四川路青年会召开成立大会，陈独秀与李汉俊、沈玄庐等到场祝贺并发表演说。陈独秀高度颂扬工人阶级在社会中的作用，认为"做工的人最有用，最贵重"，号召工人们加速觉悟，在要求待遇改良的基础上，还要开展争取管理权的斗争。虽然他认为中国工人目前尚未完成第一步的斗争，但必须认识到工人的未来取决于第二步的觉悟。因此，他大声疾呼，号召工人们"一面求得第一步之满足，一面再作第二步之预备"[14]。

船务栈房工界联合会先设于海宁路粤秀坊（位于今海宁路安庆东小区附近,已拆除）,后迁至北四川路仁智里263号,是当时重要的工人团体。

为进一步发动工人并推进工人联合,1920年4月18日,陈独秀召集中华工业协会、中华工会总会、电器工界联合会、中华全国工界协进会、中华工业志成会、船务栈房工界联合会、药业友谊联合会7个工界团体,在虹口老靶子路（今武进路）123号召开联席会议,筹备举行工人大集会,以纪念世界劳动节。众人议定届时于西门公共体育场举行大会,并推举陈独秀为筹备会顾问。

在陈独秀的指导和推动下,5月1日午后,上海各区工人四五千人陆续行至体育场,却被数百早有准备的军警驱逐,工人们不得不转往提篮桥精武体育会之体育场。不料抵达后,仍被军警禁止,乃又改赴北四川路青年会体育场及林家花园,均告失败。最终,纪念会不得不于虹口靶子场靶子山荒地上召开。会中,众团体齐声高呼"劳工神圣"的口号,一致同意今后的斗争方向应致力于改善工人生活,并提出了"做工八小时,休息八小时,教育八小时"的要求。最后纪念会在工人们"劳工万岁！中华工界万岁！"的高呼声中结束。[15] 当晚,七团体代表还召开紧急会议,通过了《上海工人宣言》和《致俄国劳农政府对我国通牒之答书》两份文件并公开发表,以抗议军警的无理镇压行为。

在工人举行纪念集会的同时,陈独秀与施存统、陈望道

《新青年·劳动节纪念号》封面，
封面图为罗丹名画——《劳工
神圣》

扉页为蔡元培手书"劳工神圣"

孙中山题词"天下为公"

一起参加了在澄衷中学举行的五一节庆祝大会,以声援工人。同日,陈独秀谋划数月的《新青年·劳动节纪念号》正式出版。

1920 年 5 月 1 日上海的"世界劳动纪念大会"是中国工人第一次举行的"国际劳动节"纪念活动,也是陈独秀及中国早期马克思主义者将工人经济诉求和政治斗争结合起来的首次尝试,为其后工人运动的蓬勃展开提供了重要经验和指导意义。中共正式成立后,1922 年 5 月 5 日,中共中央还曾以上海学界名义,在北四川路的怀恩堂(今四川北路丰乐里、永安里附近)隆重纪念马克思诞辰 104 周年,百余进步青年到会,陈望道、沈雁冰等莅会演说,介绍马克思主义学说。纪念会散发了中国劳动组合书记部编印的《马克思纪念册》,这是由中共中央在上海发起组织的首次马克思诞辰纪念会。

(二)陈独秀、周恩来与中共四大

1924 年国共两党第一次合作后,革命形势日益高涨,为迎接全国革命高潮的到来,1925 年 1 月 11 日至 22 日,中国共产党第四次全国代表大会在上海宝兴路广吉里一幢石库门住宅(今虹口区东宝兴路 254 弄 28 支弄 8 号)内召开。出席大会的有陈独秀、蔡和森、谭平山、周恩来、彭述之、张太雷、陈潭秋、李维汉、李立三、汪寿华、王荷波、项英、向警予等 20 人,代表着全国 994 名共产党员。

第　　四

作为时任党最高负责人的陈独秀为中共四大的召开付出了大量心血。早在数月之前,他就与彭述之以及共产国际代表维经斯基组成了一个委员会,负责起草中共四大的所有提案。为了审定大会的基本材料和提纲,三人还召开了为期一周的中央全会,确定了大会的中心议题。[16]

陈独秀在会上代表第三届中央执行委员会做了工作报告,维经斯基则作了关于世界共产主义运动状况的报告。大会提出了中国无产阶级在民主革命中的领导权问题,提出了工农联盟问题,对中国民主革命的内容作了更加完整的规定。这些都是中国共产党在总结建党以来尤其是国共合作一年来历史经验的基础上,对中国革命问题认识的重大进展。大会选举陈独秀、李大钊、蔡和森、张国焘、项英、瞿秋白、彭述之、谭平山、李维汉为中央执行委员会委员。中央执行委员会选举陈独秀、彭述之、张国焘、蔡和森、瞿秋白组成中央局。中央局决定陈独秀任中央总书记。

除陈独秀外,中共四大代表中有留日经历的还有周恩来。自五四运动后,周恩来于1920年11月赴法国勤工俭学。1921年加入中国共产党,参与成立旅法的共产党早期组织。1924年秋,周恩来奉调归国,先后任中共广东区委委员长、军事部长等职,不久又出任黄埔军校政治部主任。在此次会议中,27岁的周恩来向大会汇报了自己和广东党组织关于革命形势的分析和经验,为大会做出决议做出了贡献。

（三）上海工人第三次武装起义

1926 年 7 月，国民革命军从广州誓师北伐，在各地工农民众的配合下，进展迅速，半年时间就将革命势力从珠江流域推进到长江流域。

为配合北伐军进军，上海工人在中共中央和上海区委的领导下，于 1926 年 10 月和 1927 年 2 月接连发起两次武装起义。中共中央总书记陈独秀虽坐镇上海，但两次起义均因准备不足、缺乏经验等原因遭到失败。

1927 年 2 月 23 日，就在上海工人第二次武装起义失败后的第二天，陈独秀主持召开了中共中央和上海区委联席会议，总结前两次失败教训，决定成立领导第三次武装起义的最高决策机关——党的特别委员会，陈独秀任主要负责人，成员有罗亦农、赵世炎、汪寿华、尹宽、彭述之、周恩来、萧子璋。特委设在北四川路横浜桥的一个秘密据点里，下设军事委员会和宣传委员会，周恩来被选为特别军委书记。

1926 年 12 月，周恩来奉中央之命由广州秘密返回上海，担任中共中央组织部秘书兼中央军委委员。周恩来到上海后被安排住在虹口周家嘴路 626 号。陈独秀为指挥第三次武装起义，于 1927 年 3 月搬到北四川路安慎坊 32 号（今四川北路 1649 弄 32 号，当时为中共中央宣传部所在地）。此外，上海总工会在狄思威路麦加里 21 号（今溧阳路 965 弄 21 号）亦设有秘密办公机关，虹口实际上成了上海工人第三次武装起义的指挥中心。

1927年3月初,北伐军分三路进逼上海。3月2日,中共上海区委发出《对工人宣传大纲》,提出"上海革命的时机完全到了",对工人武装起义进行动员。5日,陈独秀主持召开特委会议,决定由陈独秀、周恩来、罗亦农、汪寿华4人组成核心领导小组。周恩来被指派为领导南市起义的指挥员。

3月21日,上海总工会在狄思威路麦加里21号秘密办公机关内发布总同盟罢工令。12时,大罢工正式开始,全上海125万工人中大约80万人迅速响应,半个小时内,租界、华界所有工厂全部停工,电车、公共汽车全部停驶。根据情况变化,陈独秀任命周恩来担任武装起义总指挥,赵世炎为副总指挥,总指挥部设在闸北宝山路横浜桥南商务印书馆职工医院内,陈独秀则在中央宣传部机关坐镇。下午1时,南市工人纠察队打响起义第一枪,虹口、浦东、吴淞、沪东、沪西五区战斗随即爆发。经过激战,至22日下午6时许,起义取得彻底胜利,共歼灭北洋军3000多人,武装警察2000多人,缴获枪支5000多枝。

上海工人第三次武装起义是大革命时期中国工人运动的一次壮举,是北伐战争时期工人运动发展的最高峰。

注　释

1. 《译书汇编发行之趣意》，《译书汇编》1902年第2卷第1期，第2页。

2. 居正：《国立广西大学校长马君武先生碑铭》，卞孝萱、唐文权编：《辛亥人物碑传集》，团结出版社1991年版，第43页。

3. 马君武：《社会主义与进化论比较》，《译书汇编》1902年第2卷第11期，第87—107页。

4. 陈氏兄弟为湖南长沙人，1899年与堂兄陈子美共同赴日留学。1901年，陈子美在东京神田区创办群益书社，1902年，陈子沛、陈子寿归国，在长沙创办集益书社，1907年在上海福州路设群益分社，后调整形成以上海为总部，东京、长沙设分社的格局。该社以出版教科书、辞书闻名，亦编译出版过大量法政书籍。

5. [日]实藤惠秀：《中国人留学日本史》，谭汝谦、林启彦译，生活·读书·新知三联书店1983年版，第414页。

6. 《李达文集》第4卷，人民出版社1988年版，第733—734页。

7. 傅光培：《回忆李汉俊烈士几件难忘之事》，罗仲全编著：《中共一大代表李汉俊》，四川人民出版社2000年版，第153—154页。

8. 李大钊：《法俄革命之比较观》，中国李大钊研究会编：《李大钊全集》第2卷，人民出版社2006年版，第225—228页。

9. 陈独秀：《对于时局的我见》，《新青年》1902年第8卷第1期，第1页。

10. 中共上海市委党史研究室：《中国共产党上海史》，上海人民出版社1999年版，第29页。

11. 上海共产党早期组织成员名单见中共中央党史研究室：《中国共产党历史·第一卷（1921—1949）》上册，中共党史出版社2011年版，第59页。留日经历根据各人传记资料统计而得。

12. 薛文淑：《薛文淑对李汉俊的点滴回忆》，《上海革命史资料与研究》（第三辑），上海古籍出版社2003年版，第579页。

13. [日]芥川龙之介：《爱情这东西》，黄悦生译，江苏凤凰文艺出版社2018年版，第125页。

14. 《船栈工界联合会之成立》，《新闻报》1920年4月3日。

15. 《昨日劳动纪念会开会记》，《新闻报》1920年5月2日。

16. 《解放日报》社、中共一大会址纪念馆：《伟大的开端》，上海人民出版社2016年版，第179页。

第

五

章

创造社、太阳社

与虹口

五四之后，新文化运动持续推进。国势阽危与身处异乡的苦闷、彷徨交相刺激，使郭沫若、郁达夫等留日学生在思想上不断蜕变，逐渐产生了以文学唤醒民众的志愿。他们相互砥砺，以"创造"为名，集结成新型文学社团，在沉闷文坛掀起了一股飓风。之后，太阳社、我们社等文学社团纷纷成立，最终汇成革命文学的洪流。

一、创造社与创造社出版部

（一）"胎动"博多湾

　　1914 年秋，22 岁的郭沫若、21 岁的张资平和 18 岁的郁达夫不约而同考入日本东京第一高等学校。此校位于东京，原名第一高等中学校，是东京帝国大学的预科。此时，17 岁的成仿吾刚刚从这里毕业，被分往日本中部冈山县第六高等学校继续学业。这四个出自同一学校的青年即是创造社初期的"四大天王"。

几人有着相似的家庭背景。除张资平外，其余三人都深受兄长的影响。郭沫若的哥哥郭开文毕业于日本东京帝国大学（今东京大学）法科，归国后任四川军政府交通部部长，后作为川边经略使尹昌衡的代表长驻北京；郁达夫的哥哥郁华曾先后毕业于早稻田大学高等师范部和法政大学，当时任京师高等审判厅推事；成仿吾则在13岁时就跟随长兄成邵吾赴日留学，成邵吾后毕业于大阪高等工业学校，归国后从事教育工作。兄长们的引导和帮助，使他们能够更从容地追求自己的兴趣与爱好。

1915年，在一年预科修完后，张资平被日本文部省派至九州熊本县的第五高等学校，郁达夫到名古屋第八高等学校，郭沫若则追随成仿吾的脚步，去往冈山县第六高等学校，并与成仿吾住在同一套房里。这一时期，新文化运动在国内已逐渐展开，写实、抒情的白话文学得到了广大知识青年的喜爱。受此影响，张资平、郁达夫纷纷开始小说、诗歌创作；郭沫若则对欧美文学产生了浓厚兴趣，常在冈山图书馆翻阅泰戈尔、雪莱、莎士比亚等人的作品。成仿吾与郭沫若志趣相投，二人"每每拿着席勒的著作……一同登高临水去吟咏"[1]。

1918年夏，刚升入日本九州帝国大学医学部的郭沫若，在福冈博多湾箱崎海岸与张资平邂逅。因张资平刚从上海返回，郭沫若便向其询问起国内文艺界状况，张回答说国内"没有一本可读的杂志"。郭沫若对《东方杂志》《小说月报》

1914年中秋,郭沫若在日本房州海岸的留影

在名古屋第八高等学校留学时的郁达夫

等国内报刊素有不满,认为里面的文章,"不是庸俗的政谈,便是连篇累牍的翻译,而且是不值一读的翻译。小说也是一样,就偶尔有些创造,也不外是旧式的所谓才子佳人派的章回体"。[2]出于革新文学的崇高使命感和责任心,二人相约联合同道,创办一种白话文的纯文学同人杂志。张资平后来在回忆博多湾的这一约定时说:

> 我们相聚约有两个多星期,彼此都同意于先行纠合文艺同志。沫若提出仿吾和田寿昌(田汉)。田寿昌当时在东京高等师范特别预科,据说他是专研莎士比亚的戏曲……我提出达夫。[3]

博多湾的邂逅虽未立刻促成创造社的诞生,但却在二人的心里埋下了希望的种子,成为日后震撼中国文坛十年的创造社的肇始。

(二)创造社的诞生

1919年,郁达夫和张资平分别升入东京帝国大学经济部经济科、理学部地质科,与早前已在此读造兵科的成仿吾汇合。经历过五四运动的冲击,他们的思想都有巨大的变化,开始思考中国更深层次的社会问题,深感"科学救不了国,搞文学更有意义"[4],先后舍弃原来所学专业,投入新文学运动之中。

1920年初，郁达夫、张资平和成仿吾在下宿不忍池畔的"池之端"二楼商量创办同人杂志之事。在福冈的郭沫若虽未与会，但写信陈述了自己的观点。此次会议因意见分歧，无果而终，但众人自此加强了联系，常聚集一起，交换评注习作。经郭沫若联系，东京高等师范学校的田汉，京都帝国大学的郑伯奇、徐祖正、张凤举，九州帝国大学的陶晶孙，东京帝国大学的穆木天、何畏等志同道合者亦先后加入了这个群体。

1921年春，已是诗坛新星的郭沫若受聘担任上海泰东书局编辑。时泰东书局经营状况不佳，老板赵南公得知郭沫若办刊计划后，亦想借郭沫若之名及新文学书刊谋利，便允诺支持。同年6月8日，匆忙返回日本的郭沫若与郁达夫、张资平、田汉、何畏、徐祖正聚集于东京帝国大学郁达夫寓所第二改盛馆，议定创办《创造》杂志，暂出季刊，同时商议了编辑"创造社丛书"等具体事宜。这次会议，标志创造社横空出世。

为落实办刊事宜，郭沫若于1921年7月再度返回上海，利用众人之前的书稿编辑"创造社丛书"。8月，中国近代第一本浪漫主义诗集、由郭沫若创作的《女神》作为丛书第一种由泰东书局正式出版，之后，郁达夫的小说集《沉沦》（中国近代第一部短篇小说集）、朱谦之的《革命哲学》、张资平的《冲积期化石》（中国近代第一部长篇小说）、郭沫若所

郭沫若著《女神》

《创造》杂志

章

译歌德的《少年维特之烦恼》等亦相继问世。9月,郁达夫
回沪,到泰东书局主持《创造》季刊创刊工作。29日,上海
《时事新报》即登出了郁达夫起草的《创造》出版预告。预
告中罗列了创造社诸同人,计有田汉、成仿吾、郁达夫、郭沫
若、张资平、郑伯奇、穆木天共7人。此外,郁达夫还阐明了
创造社的意趣和主旨,称:

> 自文化运动发生后,我国新文艺为一二偶像所垄
> 断,以致艺术之新兴气运,渐灭将尽。创造社同人奋然
> 兴起打破社会因袭,主张艺术独立,愿与天下之无名作
> 家共兴起而造成中国未来之国民文学。[5]

在郁达夫的努力下,1922年5月,《创造》季刊创刊号
由泰东书局正式发行,郁达夫开始以小说家兼编辑的身份
崛起于文坛。10月间,成仿吾由长沙来到上海,接替郁达夫
成为季刊主编。

创造社诞生于日本,早期成员几乎全是留日生。长期
的耳濡目染,使他们深受大正时期日本文学风格影响,以崭
新、前卫的新浪漫主义作为自己的文学创作理念。这些作品
在当时崇尚写实的中国文坛异军突起,引起巨大震撼。瞿秋
白曾称赞道:"创造社在五四运动之后,代表黎明时期的浪
漫主义运动,虽然对于'健全的'现实主义的生长给了一些
阻碍,然而它确实杀开了一条血路,开辟了新文学的途径。"[6]

　　1923 年春，郭沫若结束了留学生活，郁达夫亦自安徽法
政专门学校离职，两人先后回到上海，与成仿吾共同经营创
造社事业。三人合力，使创造社的发展迎来了第一个高潮。
当年 5 月，以思想、文艺评论为主，兼及创作、翻译的《创造
周报》一经推出便轰动社会，每逢其周日下午出刊，"四马路
泰东书局的门口，常常被一群一群的青年所挤满，从印刷所
刚搬运来的油墨未干的周报，一堆又一堆地为读者抢购净
尽，订户和函购的读者也陡然增加，书局添人专管这些事"[7]。
创造社诸人再接再厉，7 月，应《中华新报》主笔张季鸾之邀，
开始主编该报文学副刊《创造日》，以登载新诗、小说为主。
此外，创造社还编辑出版了"辛夷小丛书""创造社世界名
家小说集""创造社世界少年文学选集"等众多书籍。一系
列杂志、书籍的出版，使创造社在文学界的影响迅速扩大。
一些国内的进步文艺青年如周全平、严良才、冯沅君、敬隐
渔、成绍宗等慕名而来，先后加入了创造社。

　　异军突起的创造社以崭新的文学理念震撼文坛，但其犀
利泼辣的批判亦引起了保守力量的不满。张季鸾主笔的《中
华新报》本是政学系机关报，与《创造日》的进步理念扞格
不通。1923 年 11 月，张季鸾在政学系内部压力下以报馆经
费支绌为由，要求《创造日》停办。《创造日》在创刊仅三个
多月、出版 101 期后，不得不宣告停刊。

　　在此前后，支撑创造社编务的三人团体亦告破裂。因泰
东书局长期在稿费、版税方面压榨，郭沫若、郁达夫、成仿吾

的经济状况极为窘迫。多年后的郭沫若在谈及此事时仍颇为悲愤,他说:

> 泰东老板对于我们采取的便是"一碗饭,五羊皮"的主义。他知道我们都穷,自然有一碗饭给我们吃,时而也把零用钱给我们用。但这些饭和这些钱是主人的恩赐,我们受着他的买活便不能不尽我们的奴隶的劳力。我们不曾受过他的聘,也不曾正式地受过他们的月薪。我们出的书不曾受过稿费,也不曾算过版税。[8]

为谋生计,1923 年 10 月,郁达夫应聘北上,赴北京大学任统计学讲师。他的离开使繁重的社务工作只能由郭沫若、成仿吾承担,两人顿有疲于奔命之感,亦生退意。1924 年春,《创造》季刊和《创造周报》在分别出版两卷六期、五十二期后均告终刊。郭沫若带着一腔凄凉的情绪,携家带口赴日寻求新的出路,成仿吾则南下遁往广州。

(三)创造社虹口出版部

初创成员的离散使创造社的活动陷入停滞,这使被称为"创造社小伙计"的周全平、严良才、敬隐渔、叶灵凤、潘汉年等数位后来者颇不甘心。1924 年 8 月,他们自动集合起来,以周全平为首,在征得成仿吾的同意后,重新打出创造社旗

1926 年创造社同人摄于广州。左起为王独清、郭沫若、郁达夫、成仿吾

帜,创办《洪水》周刊,仍由泰东书局出版。但就在"美艳不凡的创造之花"⁹再度发育时,政学系的阴影又一次浮现出来。泰东书局在《洪水》周刊第一期刚呱呱坠地时,即以经

费紧张为由将其扼杀。

无良出版商长期的打压、剥削和束缚使创造社成员极为愤慨。1925 年夏，郭沫若、成仿吾、郁达夫、张资平、周全平等开始酝酿筹建属于创造社自己的出版机构。初次尝试因经验不足，未能成功。同年底，创造社以在读者中募股（5 元一小股，50 元一大股）的方式筹集资金，迅速得到众多知识青年支持。至 1926 年 2 月底，仅武昌、长沙、上海三地，就有 131 人认购 862 股[10]，以最低 5 元一股计，已达 4300余元。

1926 年 3 月 15 日，由读者和著作家合作的新型出版机构——创造社出版部在闸北宝山路三德里 A11 号正式成立，创造社终于摆脱了以往处处受制于人的窘境。但就在此时，郭沫若因瞿秋白的推荐，接到了广东大学的聘请，出任文科学长。鉴于广州已成中国革命策源地，郭沫若遂邀郁达夫、王独清同往。不久，郑伯奇、穆木天、何畏也在他们的推荐下来到广东大学，而成仿吾则在黄埔军校出任教官。除张资平仍在武昌外，创造社的元老们又一次聚集一处。这样，创造社的刊物编辑工作转移到了广州，出版部则仍留上海，形成了双基地的模式。

出版部成立之后，因创造社元老皆已前往广东，主要事务由周全平主持，工作人员有叶灵凤、梁预人、周毓英、潘汉年、柯仲平、成绍宗、邱韵铎等人。在他们的努力下，创造社将"创造社丛书"以及郭沫若、郁达夫等人的著作版权从泰

创造社出版部股票

位于四川北路 1811 弄 41 号的创造社出版部旧址

东书局收回,由出版部重新编排印行。在其后的近三年时间中,出版部先后出版了"创造社丛书""世界名著选""落叶丛书""明日小丛书""创造社小说选""社会科学丛书"等 8 个系列,涉及文学、哲学、社会科学等方面共百余种图书。此外,出版部还承担了创造社自办的《洪水》《创造月刊》《幻洲》《新消息》《A11》《文化批判》《流沙》《思想》《日出》《文艺生活》等 10 余种刊物的出版发行工作。为扩大所出书刊销路,出版部在北京、广州、武昌、绥定、扬州、长沙、安庆、济南、汕头、南京、重庆以及日本东京帝国大学、京都帝国大学等处建立了 27 个销售分部。上海总部负责书刊印刷、批发和主要销售业务,各分部负责零售。由此,创造社出版物开始在日本、南洋等地华侨和中国留学生中传播开来。

1928 年初,创造社将出版部移至北四川路麦拿里 41 号(今四川北路 1811 弄 41 号)。此处房屋建于 1911 年,为假三层(三楼极低矮)英式联排新式里弄建筑。出版部位于底楼,楼上则由创造社出资经营了一家上海咖啡店,"一方面作为文艺界接头、谈话的场所,一方面也可以起到耳目的作用"[11]。

1929 年,因长期出版左翼进步书刊,创造社频遭反动势力打压。翌年 1 月 26 日,国民党政府行文查禁创造社,"令行上海特别市政府并令江苏省政府转饬上海临时法院,将印发共产党反动刊物之上海北四川路创造社即行查封(《喇叭》《未明》《创造月刊》《思想》《流荧》《湖波》《白华》七种均系该社出版部印发)"[12]。2 月 7 日,创造社出版部被迫暂停营业。

二、创造社留日诸将与虹口

从 1921 年创立,到 1929 年被国民党查禁,创造社纵横文坛近 10 年,先后加入者约 50 余人,而核心成员则多为留日学生。他们中不少人曾长期生活、战斗于虹口,为虹口留下了丰富的文化遗迹。

(一)郭沫若

1926 年 3 月,就在创造社出版部成立的同时,郭沫若经瞿秋白推荐,南下广州出任广东大学文科学长。不久,他接受党组织建议,投笔从戎,任北伐军政治部宣传科科长兼行营秘书长(后任政治部副主任),随军北伐,逐渐脱离创造社事务。1927 年安庆"三二三"事件后,蒋介石着手清党,郭沫若愤而写就讨蒋檄文《请看今日之蒋介石》,痛斥"蒋介石是流氓地痞、土豪劣绅、贪官污吏、卖国军阀、所有一切反动派——反革命势力的中心力量"[13],旋遭南京国民政府通缉。8 月,郭沫若参加南昌起义,任起义军政治部主任,其间经周恩来、李一氓介绍,光荣地加入中国共产党。

南昌起义失败后,1927 年 11 月,郭沫若由广东绕道香港返回上海,经友人内山完造安排,隐居在窦乐安路一座亭子间(今多伦路 201 弄 89 号)里,左邻右舍都是日本人,极为隐蔽。

位于四川北路寓所旧址前的郭沫若雕像

郭沫若曾居住过的窦乐安路旧居
（今多伦路 201 弄 89 号）

郭沫若与内山完造早已相识。还在上海参与创造社事务时，郭沫若即常参与内山书店组织的文艺漫谈会等活动。1926年，日本作家谷崎润一郎到访上海，希望结识中国作家，郭沫若、田汉、郁达夫等创造社成员及其他文艺界名人在内山完造邀请下到书店参与会见。[14] 四一二反革命政变后的第三天，郭沫若还曾秘密返回上海，在内山完造安排下与李一氓等同志见面。

此次隐居于窦乐安路期间，仍被国民党悬赏五千大洋通缉的郭沫若得以潜心创作。他花费了10天功夫，整理补译了留日时期翻译的《浮士德》第一部残稿，"把十年中的经验和心境含孕在里面，使译文成长了起来"[15]。此外，郭沫若还编写了散文集《水平线下》。此二稿均由创造社出版部于1928年出版。

在此期间，内山完造和创造社成仿吾、郑伯奇、李初梨等常来探望，郭沫若有时亦会到位于北四川路的创造社出版部议事。1928年2月10日，周恩来与李一氓、成仿吾、郑伯奇、李初梨等创造社成员秘密来到郭沫若寓所，商议决定安排郭沫若赴日流亡，并由创造社每月支付其一百元生活费。

23日晚，就在离沪前夜，郭沫若得到国民党龙华司令部已探知其住址并即将抓捕他的消息，匆忙和成仿吾跑到内山书店，后在内山完造的安排下，在一家日本人开设的名为"八代"的旅馆中住了一夜。24日，内山完造独自将郭沫若送至汇山码头,郭沫若化名吴诚,登上"卢山丸"东行而去,由此开始了在日潜心学术研究的 10 年流亡生涯。

郭沫若再次寓居虹口则是在抗战胜利后。1946 年 5 月,郭沫若结束了七年半的重庆生活,携家回到上海,先是借住在徐家汇附近一朋友家中,不久搬到狄思威路 719 号(今溧阳路 1269 号)。这是一幢两层楼旧式花园洋房,一层是会客室,二层是居室和郭沫若工作之地。[16]

此时,国共两党正处在内战全面爆发前的微妙时刻,郭沫若以第三方代表身份促进两党和谈。内战爆发后,郭沫若更是四处奔走,参加各种社会活动,不断揭露国民党内战阴谋,批判国民党残暴统治。党组织有时亦会在郭沫若寓所利用家庭聚会的方式召集文化人士,传达延安精神。狄思威路迅速成为上海进步文化人士聚集之地。

随着解放战争的推进,国民党当局对进步力量的压制更为严酷。1947 年 5 月,上海《文汇报》《新民晚报》同时被国民党勒令停刊;10 月,民主同盟被迫解散。为保证安全,在党组织安排下,郭沫若于 11 月乘船离开上海,转往香港。

(二)郁达夫

1922 年 7 月 20 日,刚刚获得东京帝国大学经济学学士学位的郁达夫结束了 10 年留日生涯,由神户搭乘日邮轮船

郁达夫与王映霞

郁达夫胞兄郁华像

归国。在安庆法政专门学校短暂执教后，郁达夫返回上海，住在马霍路泰东编译所楼上，专注于创造社事业。

郁达夫喜欢买书，尤其是外文书，因此工作之余常到虹口外国人开的旧书店去闲逛。据创造社的郑伯奇回忆，郁达夫"能讲一口流利的英语，和那里售书的外国人交谈，好像跟自己人谈家常一样地自由自在。每逛一次，他就要抱一大包书回来"[17]。当时虹口有一家犹太人开的旧书店，占三间铺面，规模相当大，郁达夫带着郑伯奇去过数次。

郁达夫对于外白渡桥北岸邓脱路（今丹徒路）附近的贫民窟似乎也很熟悉，他的代表作《春风沉醉的晚上》中的故事即发生在这里。小说中对此处的居住环境有详细描述：

> 邓脱路的这几排房子，从地上量到屋顶，只有一丈几尺高。我住的楼上的那间房间，更是矮小得不堪。若站在楼板上伸一伸懒腰，两只手就要把灰黑的屋顶穿通的。从前面的弄里踱进了那房子的门，便是房主的住房。在破布洋铁罐玻璃瓶旧铁器堆满的中间，侧着身子走进两步，就有一张中间有几根横档跌落的梯子靠墙摆在那里。用了这张梯子往上面的黑黝黝的一个二尺宽的洞里一接，即能走上楼去。黑沉沉的这层楼上，本来只有猫额那样大，房主人却把它隔成了两间小房。[18]

1923年，郁达夫赴北京大学任教，此后又先后执教于国立武昌师范大学、广州中山大学,直至 1926 年 12 月,郁达夫才在成仿吾、蒋光慈等人要求下自广州返回上海,整顿陷入混乱的创造社出版部。抵沪后,郁达夫先住在江湾路上海艺术大学宿舍,翌年 1 月 29 日搬到宝山路三德里创造社出版部二楼亭子间。据郁达夫日记所示,此时虹口仍是其常去之处,相关活动包括会友、到旧书店购书和去北四川路影院看电影等。此次居沪期间,郁达夫结识了王映霞,两人于 1927 年 6 月订婚,其后迁居哈同路(今铜仁路)民厚南里 880 号二楼,不久又搬到赫德路嘉禾里(今常德路 81 弄)1442 号。

　　1927 年 10 月,鲁迅从广州迁至上海,租住于窦乐安路(今多伦路)附近景云里。郁达夫早在 1923 年即与鲁迅相识,当时两人一见如故,互引为知己。故郁达夫去景云里拜访鲁迅的次数颇多,有时更是和夫人王映霞同去。鲁迅日记中对此有大量记载,其中提到王映霞就有 30 余次,显示当时两家的交往极为频繁。

　　1932 年,郁达夫胞兄郁华出任江苏高等法院第二分院刑庭庭长,主管上海公共租界刑事诉讼。不久,郁华将全家从北平迁往上海,寓于江湾路花园路。此处紧邻虹口公园,穿过公园即是内山书店,于是郁达夫在虹口又多了一个去处。郁达夫尤其喜欢带着当时 17 岁的侄女郁风四处闲逛,据郁风回忆称:

他几乎每天都来带我出去玩，可惜我都记不清楚了。只记得除了坐电车之外，走路走得很多，而且他走得很快，在大街上我想看看橱窗都来不及，到了一处跟一些人说说笑笑，又出来再到一处，就好像不是带我去看东西，而是带着我去给他的朋友们看。我现在能记得的就是去过菜市路上海美专，见过倪贻德和刘海粟，还去过霞飞路一个按摩院的楼上，那是漫画俱乐部，在那儿第一次认识了叶浅予、黄苗子、丁聪、梁白波、胡考、陆志庠、张乐平等许多人。[19]

这样，从嘉禾里到鲁迅寓所，再到内山书店和花园路，就构成了郁达夫在虹口的活动主轴。也正是在郁达夫的介绍下，郁华和鲁迅、田汉等人逐渐相熟，成为好友。1935年2月，中共江苏省委和中央文委被国民党破坏，田汉、阳翰笙等人在公共租界被捕，郁华利用自己的特殊身份，参与营救，终设法助其脱险。

1933年4月，郁达夫结束了在上海的六年生活，与王映霞移居杭州。

（三）张资平

张资平（1893—1959），原名星仪，字秉声，广东梅县人，1906年就读于当地教会所办的广益中西学堂，1910年

张资平像

考入广东高等巡警学校,1912 年赴日留学,1914 年考取东京第一高等学校,此后相继就读于第五高等学校、东京帝国大学理学部地质科,其间参与发起成立创造社。1922 年毕业,获东京帝国大学理学学士学位。同年归国,1924 年任国立武昌大学教授,讲授岩石矿物学、地理学、地质学等课程。1927 年任武昌国立第四中山大学地质学系主任。

张资平为创造社早期核心成员之一,但在创造社成立后,除为《创造》季刊及"创造社丛书"供稿外,张资平对社务和刊物、丛书编辑工作参与较少。1928 年,创造社出版部因人事、账目等问题陷入混乱。此时,郭沫若已远遁日本,郁达夫则因发表《广州事情》一文[20]及出版部内部矛盾退出创造社,成仿吾独木难支,遂邀请张资平返回上海,协助其管理创造社出版部。

1928 年 3 月,张资平回到位于北四川路麦拿里 41 号的创造社出版部,开始参与社务管理。但仅月余,张资平即发现出版部内矛盾重重,"仿吾只挂总经理之虚名,事务异常弛缓",故其对于出版部"更不敢过问"。[21] 不仅如此,创造社此时在方向上正酝酿转型,后期主要成员冯乃超等大力提倡无产阶级革命文学,指斥张资平为通俗作家,"只给一般人描写学生的平凡生活,小资产阶级的无聊的叹息和虚伪的两性生活……当然会没落到反动的阵营里去"[22]。双方在社务、办刊理念上的隔阂日益加重,张资平颇有被孤立之感。

1928 年 5 月,成仿吾出国考察,行前将出版部工作交由郑伯奇、王独清、张资平 3 名常务理事共同管理。但张资平对创造社已无信心,转而出任上海暨南大学和大夏大学教授。同年 8 月,张资平脱离创造社,并将自己所有著作版权从创造社出版部收回,卖给北新书局。

1928 年 9 月,张资平在其侄张尚武撮合下,会同刚刚出狱的创造社后期成员周毓英共同创办乐群书店,店址设于北四川路吟桂路(今秦关路)的德恩里,距鲁迅所居景云里仅百米之遥。乐群书店采集资募股形式,张资平出资最多,任经理,编辑则由周毓英、陆一远等担任。因张资平久居文坛,人脉熟稔,乐群书店在成立后先后出版了郭沫若译《石炭王》（辛克莱著）、陈启修译《经济学大纲》（河上肇著）两部大书,营业颇有声色。1929年,乐群书店新版和重印的图书超过40种,在上海众多小书店中名列前茅。此外,乐群书店还出版有张资平主编的《乐群》半月刊,该刊曾与鲁迅、潘汉年等左翼作家发生过激烈论战。

1930年初,周毓英与张资平产生经济纠纷,被迫离开乐群书店,乐群的经营开始萧条下来。1931年1月,乐群又因出版激进书刊遭到国民党查封,虽不久后恢复营业,但破产之局已不可避免。

抗战中,张资平投靠汪伪政权,参加"兴亚建国会",1940年,任伪政府"农矿部"技正、中日文化协会出版组主任等。日本投降后,张资平曾暂避于台湾,后回上海,1947年曾以"汉奸罪"受审,未入狱。新中国成立后,张资平于1953年担任上海振民补习学校地理教员,1955年在上海被捕,其后被判处有期徒刑20年。1959年,张资平病亡于安徽一劳改农场。

（四）陶晶孙

陶晶孙（1897—1952）,原名炽,笔名晶明馆主、晶孙,出生于江苏无锡一书香世家。1906年,10岁的陶晶孙随父陶廷枋（同盟会会员）东渡日本,并接受小学和中学教育,1915年考入东京第一高等学校理科,1919年入读九州帝国

章

陶晶孙像

陶晶孙等著《木犀》(创造社出
版部 1926 年版)

大学医学部,并于此结识郭沫若。1921 年,与郭沫若、何畏
等创办同人杂志 *Green*。同年 7 月,参加创造社,为发起人
之一。1923 年毕业,随即至东北帝国大学理学院深造,从事
生理学研究。其间,与郭沫若夫人佐藤富之妹佐藤操结为夫
妻。1926 年,陶晶孙结束学业,就任东京帝国大学医学部助

教、泉桥慈善病院医师。

陶晶孙兴趣广泛,多才多艺,除医学专业外,还酷爱文学和音乐。他曾参加九州帝国大学的管弦乐团,并曾是东北帝国大学管弦乐团创始人之一。因长期留日,陶晶孙日语极好,其文学处女作小说《木犀》即以日文写就,后在郭沫若的鼓励下译成中文,发表在 1922 年 11 月的《创造》季刊上,从此开始了他的文学生涯。

1929 年,陶晶孙结束 23 年留日生活,回国担任上海东南医科大学(翌年更名为东南医学院)生理学教授,先后居住于北四川路永安里、多伦路燕山别墅。陶晶孙是创造社早期留日诸人中唯一没有改行、放弃自己专业的人。他在从事医学教育、研究的同时,还兼顾创造社事务。归国不久,陶晶孙就接替郁达夫,开始主编《大众文艺》。1929 年 11 月,与夏衍、郑伯奇一起参加上海艺术剧社。为培养戏剧人才,陶晶孙还在剧社开办戏剧训练班,并亲任讲师。1930 年,参加中国左翼作家联盟(简称左联)成立大会,为左联发起人之一。

1931 年初,艺术剧社准备排演德国雷马克创作的小说《西线无战事》,陶晶孙参与了剧本改编,并为其创作了插曲《摇篮歌》。然而,因此剧具有强烈的反帝色彩,租界当局封锁租界内所有演出场所,拒绝艺术剧社演出。为此,陶晶孙利用私人关系,经与日本领事馆交涉后,将位于北四川路横浜桥旁日本人经营的上海演艺馆出租给艺术剧社,终使该剧得以上演。这次演出的成功激怒了租界当局,不久艺术剧社即遭到查封,陶晶孙亦被迫离开上海,返回老家无锡,开办厚生医院。

1931 年 11 月,陶晶孙应聘担任上海自然科学研究院研究员,从事公共卫生学研究,寓居于施高塔路(今山阴路)216 弄 2 号。这是一幢带花园的三层联排楼房,1931 年刚刚建成,入住者多为律师、医生、教授、洋行职员等中产阶级。抗战期间,陶晶孙以自然科学院医学研究员身份工作,其间坚持写作,于 1944 年出版了散文集《牛骨集》。

1945 年日本投降后,陶晶孙被国民政府任命为接收委员,赴南京参加接收日本陆军医院,不久又被派往台湾接收台北帝国大学(台湾大学前身),其后任台湾大学卫生系教授,兼任热带病研究所所长。1950 年,因其子被国民党当局列入黑名单,陶晶孙举家移居日本,任东京大学文学部讲师,1952 年病逝于日本。

三、北四川路革命文学的兴起

(一)创造社的革命转向

大革命爆发后,创造社不少成员都先后投身这场轰轰烈烈的运动。郭沫若曾任北伐军总政治部中将副主任,主持国民革命军的宣传工作;成仿吾、郑伯奇分别担任黄埔军校兵器处代处长和政治教官；潘汉年则早在 1925 年就加入中国共产党，北伐期间受郭沫若之邀，赴南昌担任《革命军日报》总编辑。他们在亲身实践中感受着火热革命，并铸笔为剑，以《创造周报》《洪水》等刊物为阵地，为革命鼓与呼。

四一二反革命政变后，创造社人员出现了极大分化，部分成员因内部矛盾出走，亦有部分成员被捕或因白色恐怖而自动脱离，创造社的力量遭到了极大削弱。同时，大革命的失败也使创造社同人在文学创作方向上陷入分歧，郭沫若甚至一度提出"从革命回到文学时代"的主张，遭到了成仿吾等人的反对。1927 年 4 月中旬，郑伯奇从日本返回国内，向成仿吾介绍了在日留学的冯乃超、李初梨、彭康、朱镜我等人将新文学运动转向无产阶级文学运动的主张。成仿吾听后极为振奋，遂产生了赴日邀请他们归国参加创造社的想法。郑伯奇回忆说：

> 我们本来就觉得创造社的人力单薄，达夫离开以后，更希望有生力军参加。初梨、乃超已经发表过作品，彭康、镜我研究理论有成就，现在大家提出无产阶级文学，这对于创造社的前途有很大关系，仿吾决定亲自去日本和他们谈谈，以便制定今后的活动方针，请他们回来共同来搞。[23]

冯乃超、李初梨、彭康是京都帝国大学文学部哲学科

章

同学，三人均于 1924 年考入，而当时郑伯奇已在此学习三年时间。相同的爱好使他们成为至交，"几乎朝夕相见"。1925 年，冯乃超转到东京帝国大学文学部社会学科，又结识了同在那里的朱镜我。经他们串联起来的还有京都帝大哲学部的李铁生和经济学部的王学文等人。

1927 年 10 月初，主持创造社事务的成仿吾利用为黄埔军校采购物资之便，前往京都会见李初梨、冯乃超等人。这次聚会影响深远，参会诸人热情高涨，李初梨做了"如何建设革命文学"的发言，极力强调文学的阶级性，提出革命作家要在马克思主义唯物论指导下，改造世界观，建设面向工农大众的革命文学。这些主张得到了成仿吾大力赞同。经过讨论，众人一致决定放弃学业，集体退学，回国参加创造社的革命文学运动。

1927 年 10 月下旬，冯乃超和朱镜我先期归国，加入创造社。11 月上旬，彭康、李初梨、李铁生也赶回上海。于是，创造社在窦乐安路纪家花园找了一座清净的小院落，将五人一起安置在那里。在他们的带动下，王学文、傅克兴、沈起予、许幸之、沈叶沉等人亦先后归国。

与初期创造社郭沫若、成仿吾等人出身理工、医科不同，这批刚从日本归国的青年全部学习的是文科专业，且深受 20 世纪 20 年代日本无产阶级文学运动影响，理论功底深厚。以他们为核心，再加上从革命前线返回上海的李一氓、阳翰笙等人，就构成了创造社后期的主要力量。自 1928

年起,创造社在他们的努力下,先后创办了《文化批判》月刊、《流沙》半月刊、《思想》月刊、《日出》旬刊、《文艺生活》周刊等数种刊物,使创造社成为革命文学和马克思主义理论宣传的重要阵地。

1928 年,冯乃超、李初梨、朱镜我、彭康、李铁生五人经潘汉年发展,一起加入了中国共产党,再加上此前已入党的郭沫若、李一氓、阳翰笙等人,党在创造社中的力量迅猛增长,使创造社出版部面貌一新,成为一个坚强的战斗堡垒。

(二)太阳社与《太阳月刊》

就在创造社创办《文艺评判》的同时,一份名为《太阳月刊》的杂志出现在了上海街头。其出版者为太阳社,社址位于北四川路丰乐里 32 号。这是一幢两层楼房,楼下是"苏广成衣铺"营业部,楼上即太阳社诞生处。

太阳社的骨干是刚从革命前线撤退回上海的文学青年。1927 年四一二反革命政变后,中共和革命群众遭到残酷镇压,革命力量被迫分散转移。原在武汉革命政府中任职的共产党员蒋光慈、钱杏邨(阿英)、杨邨人、孟超等人分别辗转来到上海。杨邨人首先租下丰乐里 32 号二楼。不久,众人恢复联系。

蒋光慈(1901—1931),原名蒋如恒(儒恒),又名蒋光赤、蒋侠生,安徽霍邱(今金寨县)人。7 岁发蒙,后在固始

章

蒋光慈像

《太阳月刊》创刊号

《我们》创刊号

志成高小、固始中学读书，16岁考入芜湖省立第五中学。五四运动后，主编校刊《自由花》，在学生中颇有威望，为芜湖学生联合会副会长。1920年至上海，结识陈独秀、陈望道等人，并进入上海共产党早期组织创办的外国语学社学习。同年冬，与同学刘少奇、任弼时等一起加入社会主义青年团。1921年夏，经组织安排，赴莫斯科劳动大学留学，翌年转为中国共产党党员。1924年归国后于上海大学社会学系任教。蒋光慈热爱文学，1925年出版第一部诗集《新梦》，同年参加创造社。1927年出版了反映上海工人武装起义的中篇小说《短裤党》，为中国无产阶级革命文学的最初成果之一。

早在武汉时，蒋光慈等四人就曾商定成立一个文学组织，筹办革命刊物，此时众人重聚，革命理想与谋生需求合二为一，办刊愿望更加炽烈。经向时任党中央领导人瞿秋白请示报告后，他们合资租下北四川路虹江路附近一家倒闭的西点店铺，开设了"春野书店"，聘请创造社出版部的周灵均出任经理，又从亚东、泰东、光华及创造社出版部四家出版机构购进了部分书籍。书店经营稳定后，众人开始筹办《太阳月刊》，推举钱杏邨、杨邨人为编辑，蒋光慈任主编。因太阳社成员均是共产党员，社内成立春野支部，隶属中共上海闸北文化支部（第三支部），蒋光慈任小组长。

经过努力，1928年1月1日，孕育着光明和希望的《太阳月刊》第一期正式出版。蒋光慈为创刊号撰写了充满革命乐观主义精神的卷首语，号召有着共同理想的革命青年，"向太阳，向着光明走！……相信黑夜终有黎明的时候，正义也将不终屈服于恶魔手……太阳是我们的希望，太阳是我们的象征"。

《太阳月刊》提倡革命文学，积极宣传马克思主义革命理论，其作品大多反映工农大众的生活与斗争，在中国近现代文学史上第一次公开打出无产阶级文学的旗帜，令人耳目一新，故能在当时迅速脱颖而出，与创造社的《文化批判》一起，成为提倡革命文学的主要刊物。因其特色鲜明，吸引了不少革命青年，声势不断壮大，陆续加入该社的还有王艺钟、徐迅雷、洪灵菲、林伯修、楼建南、祝秀侠、殷夫、戴平万、刘一梦、楼适夷、冯宪章、圣悦（李平心）、任钧、童长荣等人，其中不少人都是曾在革命一线战斗过的共产党员。《太阳月刊》大力宣扬社会革命，使国民党大为嫉恨。1928年7月，《太阳月刊》在出版7期后惨遭查禁。10月，太阳社将《太阳月刊》易名为《时代文艺》，此后又更名为《新流月报》《拓荒者》等继续发行。此外，太阳社还曾出版过"太阳小丛书"，在反对国民党政府的文化"围剿"、倡导无产阶级革命文学方面发挥了积极作用。

1929年8月，蒋光慈赴日本东京养病，太阳社部分成员楼适夷、冯宪章、任钧等也先后到达东京。在蒋光慈的建议下，成立了太阳社东京支社，发展吸收了伍劲锋、胡晓春、古公尧等留日青年作家参加社务与活动。10月，冯宪章因在留学生中宣传革命遭日本驱逐出境。11月，蒋光慈亦离日归国，东京支部遂停止活动。

在太阳社活动期间，1928年5月，太阳社和创造社中的潮汕籍作家洪灵菲、林伯修、戴平万等组成了我们社，并由晓山书店出版《我们》月刊。我们社高举无产阶级革命文学旗帜，其成员均为共产党员，与太阳社受同一党支部领导。我们社积极参与1928年的革命文学论争，与太阳社、创造社互为犄角，故《我们》月刊亦常发表太阳、创造两社成员文章，如成仿吾的《革命文学的展望》、李初梨的《普罗列塔利亚文学批评底标准》、钱杏邨的《"朦胧"以后》等。1929年2月，我们社和晓山书店同时被国民党政府查封，《我们》月刊仅出3期即告停刊。

1929年底，我们社自动宣告解散，其成员于翌年春全部加入左联。

注　释

1. 上海图书馆文献资料室、四川大学郭沫若研究室编：《郭沫若集外序跋集》，四川人民出版社 1983 年版，第 330 页。
2. 郭沫若：《创造十年》，人民文学出版社 1979 年版，第 37 页。
3. 张资平：《胎动期的创造社》，《大众夜报》1948 年 6 月 11 日。
4. 成仿吾：《怀念郭沫若》，《文汇报》1982 年 11 月 24 日。
5. 郁达夫：《纯文学季刊〈创造〉出版预告》，《时事新报》1921 年 9 月 29 日。
6. 瞿秋白：《瞿秋白散文名篇》，时代文艺出版社 2010 年版，第 68 页。
7. 陈颂声、李伟江等编：《创造社资料》，福建人民出版社 1985 年版，第 759 页。
8. 《郭沫若全集·文学编》第十二卷，人民文学出版社 1992 年版，第 115 页。
9. 全平：《撒旦的工程》，《洪水》1924 年第 1 期，第 3 页。
10. 《创造社出版部启事一》，《洪水》1926 年第 2 卷第 13 期，第 45 页。
11. 王延晞、王利编：《郑伯奇研究资料》，知识产权出版社 2009 年版，第 110 页。
12. 陈颂声、李伟江等编：《创造社资料》，福建人民出版社 1985 年版，第 1083 页。
13. 《郭沫若选集》第一卷（下册），四川人民出版社 1979 年版，第 10、16 页。
14. 《出版史料》第 4 辑，学林出版社 1985 年版，第 57 页。
15. 阎焕东编著：《郭沫若自叙》，山西教育出版社 1986 年版，第 185 页。
16. 郭庶英：《我的父亲郭沫若》，辽宁人民出版社 2011 年版，第 68 页。
17. 陈颂声、李伟江等编：《创造社资料》，福建人民出版社 1985 年版，第 856 页。
18. 郁达夫：《春风沉醉的晚上》，四川人民出版社 2022 年版，第 79—80 页。
19. 郁风：《三叔达夫》（二），《新文学史料》1980 年第 1 期，第 229 页。
20. 1927 年 1 月，郁达夫因对国民政府种种乱象不满，于《洪水》杂志发表《广州事情》一文予以揭批。郭沫若、成仿吾等人认为此举偏离了革命的大方向，引发双方矛盾。
21. 陈颂声、李伟江等编：《创造社资料》，福建人民出版社 1985 年版，第 688—689 页。
22. 冯乃超：《艺术与社会生活》，《文化批评》1928 年第 1 号，第 6 页。
23. 王延晞、王利编：《郑伯奇研究资料》，知识产权出版社 2009 年版，第 104 页。

第

六

章

留 日 生
与 虹 口 左 翼 文 化 运 动

民国时期,北四川路、窦乐安路、施高塔路一带是所谓的越界筑路区。此处紧邻租界,房价较低,成为众多知识分子乐居之处。至 20 世纪 20 年代末,这里已是人文荟萃,创造社出版部、太阳社、我们社、朝花社、艺术剧社、时代美术社、野风画会等云集于此,出版了大批左翼期刊、新兴社会科学著作和其他译著。众多进步作家以激昂的革命斗志,在此掀起了一场波澜壮阔的左翼文化运动,在文学、戏剧、电影、美术等各领域都产生了深远的影响。

一、革命文学论争与左联的诞生

(一)鲁迅的到来

　　1927 年 10 月 3 日,鲁迅乘轮船由广州经汕头抵达上海,寓共和旅馆,数日后租住于北四川路东横浜路景云里 23号,与周建人、茅盾、叶圣陶等文化名人比邻而居,开启了其生命中最后、也是最辉煌的上海 10 年。

　　鲁迅（1881—1936），原名周樟寿，字豫山、豫才，浙江绍兴人。幼读私塾，1898 年考入江南水师学堂，改名周树人，翌年转入江南陆师学堂附设矿路学堂。1902 年毕业后以公费留学日本，入弘文学院普通江南班补习日语。1904 年入仙台医学专门学校（现日本东北大学）。1906 年受时局所激，弃医从文，专注于译述工作，曾求教于章太炎，并加入光复会。1909 年归国，任浙江两级师范学堂（今杭州师范大学前身）教员，翌年转任绍兴中学堂监学。辛亥革命后，应南京临时政府教育总长蔡元培之邀，任教育部社会教育司第一科科长。1918 年，参加《新青年》改组，任编委，以鲁迅为笔名发表中国现代文学史上第一篇白话短篇小说《狂人日记》。1920 年起，执教于北京大学、北京高等师范学校，讲授中国小说史。1926 年 8 月，赴厦门大学任教，12 月辞职。1927 年 1 月，赴中山大学任教。四一二反革命政变发生后，鲁迅积极参与营救被捕的中山大学进步学生，因频遭阻挠，愤然辞去中山大学一切职务，转往上海。

　　因厌倦复杂的人事关系，鲁迅抵沪后并未谋求教职，转以自由撰稿为生。然而，这样的生活虽然自由，收入却并不稳定，鲁迅亦常为此苦恼。他曾在给友人的信中抱怨道："然则不得已，只好弄弄文学书，待收得板税时，本也缓不济急，不过除此以外，另外也没有好办法。现在是专要人的性命的时候，倘想平平稳稳地吃一口饭，真是困难极了。"[1] 所幸的是，这些问题不久即因蔡元培的相助迎刃而解。

1928 年 3 月 16 日,
鲁迅在景云里寓所

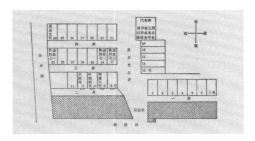

景云里平面图

　　蔡元培与鲁迅相识已久，两人系同乡，都是浙江绍兴人。早在民国初年，鲁迅就曾在蔡元培举荐下，担任过教育部佥事、社会教育司第一科科长，主管科学、美术馆、博物院、图书馆等社会文化事宜，此后两人在北大亦曾共事。1927年10月，蔡元培出任国民政府大学院（后改称教育部）院长，随即于当年12月聘请鲁迅担任"大学院特约撰述员"，月薪300大洋。这一职位无研究成果要求，更不用每日上班，时间可自由支配，几似为鲁迅量身定做。

　　鲁迅寓居的景云里建于1925年，是砖木结构三层楼石库门里弄，共32幢房屋。鲁迅最初租住的是23号，斜对面即周建人家，不同的是，周建人与同事三家合租一幢，鲁迅则是租了三层整套。因未做长居打算，鲁迅仅购置了一床、一桌、二椅及书柜等简单家具。与23号房一墙之隔的是大兴坊，坊中住户常于晚间在户外打麻将，喧闹不堪。同住景云里的沈雁冰（茅盾）对此有如下描述：

　　　　与景云里我的家只有一墙之隔的大兴坊的住户，晚饭后也在户外打牌，忽而大笑，忽而争吵，而不知何故，忽然将牌在桌上用力一拍之声，真有使人心惊肉跳之势。这些嘈杂的声音，要到夜深才完全停止。这对于我，也还不妨，我是白天写作的。而对于习惯在夜间写作的鲁迅，却是个大问题了。[2]

于是,在租住了 11 个月后,鲁迅终不堪其扰,将 23 号房让给了柔石,自己则与周建人一家一起租下了同弄的景云里 18 号。1929 年 2 月,隔壁的 17 号空了出来,该房是弄内第一家,鲁迅喜其朝南又兼朝东,两面可见太阳,于是再次搬迁,移居到了 17 号房,并将其与 18 号房打通,做了一扇门,以方便与周建人家往来。同年 9 月,鲁迅之子周海婴诞生。

1930 年 5 月,鲁迅经内山完造介绍,举家迁往北四川路 194 号拉摩斯公寓(今四川北路 2093 号北川公寓)A3 楼 4 号。该公寓由英国人拉摩斯于 1928 年投资建造,为四层钢筋水泥结构,紧靠日本海军陆战队司令部和刚搬到施高塔路的内山书店,在当时算是高级住宅,左邻右舍都是外国人,较为安静。居此期间,鲁迅共发表各种文章、著译约 170 余篇,编订了杂文集《二心集》《三闲集》等。

1932 年一·二八淞沪抗战爆发,闸北沦为战场,鲁迅平

北四川路 194 号拉摩斯公寓(今四川北路 2093 号北川公寓)

日休息兼写作的房间直接遭到枪击。出于安全考虑，鲁迅迁出拉摩斯公寓，先后避居于内山书店、大江南饭店。1933年4月，鲁迅搬至施高塔路（今山阴路）大陆新村9号。这是独门独户的三层新式里弄住宅，光线充足，煤气、自来水、抽水马桶、浴缸一应俱全，周遭生活亦极方便，鲁迅对此非常满意，也在这里度过了最后的数年时光。

（二）创造社、太阳社与鲁迅的论争

大革命失败后，上海成为革命文学家云集之地，鲁迅的到来使大家更为振奋。创造社郑伯奇、郭沫若等人遂产生联合鲁迅，共同推动新文学运动之意。1927年11月9日，郑伯奇、蒋光慈、段可情代表创造社同人到景云里拜访鲁迅，探讨合作可能。此前在广州，鲁迅亦曾到访过创造社广州分部，意图"与创造社联合起来，造一条战线，更向旧社会进攻"[3]，但因郭沫若已随军北伐，创造社诸人不久又撤离广州，未能如愿。此番受邀，鲁迅欣然应允，并建议恢复《创造周报》，以其为阵地，加强对革命青年的宣传。

然而，此时刚从日本归来的李初梨、冯乃超、彭康、朱镜我、李铁声等后期创造社成员正革命热情高涨，认为恢复《创造周报》不足以代表一个"新的阶段"，主张另起炉灶。于是"两个计划彼此不接头，日本的火碰到上海的水，在短短的初期，呈出了一个相持的局面"[4]。成仿吾亦对与鲁迅

合作表现冷淡，认为《创造周报》的使命已经结束，创造社需要出版更具战斗性的月刊。为创造社内部团结计，与鲁迅联合之事遂告取消。不仅如此，创造社诸新成员充满了革命的激情和理想，以破坏旧世界、创造新文化为己任，在理论倡导上难免存有教条主义和宗派主义倾向，于是鲁迅等新文化运动时期的"旧作家"很快成为他们的批判目标。

1927年12月18日，《申报》刊出《〈创造周报〉改出〈文化批判〉月刊紧急启事》，内称：

> 现因编辑上的关系，决将《创造周报》停办，改出《文化批判》月刊，从十七年元月起，按月逢十五号出版。全年十二期，每期零售二角八分，预订全年三元，半年一元六角……已预订《周报》者，得改定《文化批判》，无须补费，以示优待。[5]

1928年1月15日，由朱镜我主编、冯乃超协助编辑的《文化批判》正式创刊，标志创造社后期正式开始。《文化批判》宣扬"普罗列塔利亚（无产阶级）文学"理论，稿件多出自成仿吾、冯乃超、李初梨、彭康、李铁生等人之手，"初梨和乃超负责文艺理论和批评，彭康宣传马克思列宁主义哲学，镜我介绍马克思列宁主义经济理论、分析国际形势，李铁生也作了马克思列宁主义理论的翻译和介绍工作"。[6]

《文化批判》甫一创刊，即引起轩然大波。在创刊号中，

《文化批判》创刊号

冯乃超发表了《艺术与社会生活》一文,强调革命理论的重要性,提出革命文学必须有"严正的理论和科学的人生观作基础"。在这篇文章中,冯乃超还对鲁迅、叶圣陶、郁达夫、郭沫若、张资平等著名新文学作家进行了评论,批判鲁迅是逃避现实的"隐遁主义者",说他"常从幽暗的酒家的楼头,醉眼陶然地眺望窗外的人生……常追怀过去的昔日,追悼没落的封建情绪,结局他反映的只是社会变革期中的落伍者的悲哀"[7]。以此为肇端,创造社诸人对鲁迅的围攻迅速展开,成仿吾在《创造月刊》中化名石厚生将鲁迅比为中国的堂吉诃德,"不仅害了神经错乱与夸大妄想诸症,而且同时还在'醉眼陶然'……在装作鬼神而沉入了恍惚的境地"[8];李初梨则称鲁迅是小资产阶级的代言人,"无聊"且"无知",是"一个战战兢兢的恐怖病者"[9];郭沫若更断言鲁迅是兼具

"封建余孽"和"法西斯蒂"的"二重的反革命"[10]。

与此同时,作为创造社的盟友,太阳社的钱杏邨讥讽鲁迅为时代的落伍者,秉承的是个人主义,"不足以代表十年来的中国文艺思潮"[11]。其他一些与创造社有关联的报刊如我们社的《我们》月刊、叶灵凤主编的《戈壁》、潘汉年的《现代小说》和《战线》、潘梓年的《洪荒》等亦先后卷入这场声势浩大的论战。据不完全统计,从1928年初至1929年底,各方发表的有关革命文学论争的文章有270篇,而直接与鲁迅论战的亦有过百篇之多。

面对创造社、太阳社的围攻,鲁迅先是惊异和沉默,但随着批判语气的愈益激烈,鲁迅终于忍不住开始反击,相继写下《"醉眼"中的朦胧》《文艺与革命》《我的态度气量和年纪》《同在黑暗的路上走》《文坛的掌故》《非革命的急进革命者》等大量文章,指出徒有革命口号和叫嚷着打打杀杀的文字,并不是所谓的革命文学。由此,"形成了语丝社、太阳社、创造社,三分鼎立,构成了一个混战的局面"[12]。

在论战之前,鲁迅并没有研究过马克思主义。但此时为了反击,鲁迅不得不阅读大量包括马克思主义在内的社会科学著作。从1928年6月起,鲁迅凭借日文相继转译了《苏俄的文艺政策》《现代新兴文艺的诸问题》《苏维埃联邦从马克西姆·高尔基期待着什么?》以及卢那察尔斯基和普列汉诺夫的《艺术论》等一系列马克思主义文艺理论著作,这使鲁迅的思想也得到了新的提升,以致鲁迅后来编辑《三闲集》时，即在序言中语带戏谑地说道："我有一件事要感谢创造社的，是他们'挤'我看了几种科学底文艺论，明白了先前的文学史家们说了一大堆，还是纠缠不清的疑问。"

1928 年初在北四川路掀起的这场革命文学论争，先后历时两年之久，众多新文化社团和文艺界名人卷入其中，不仅在北四川路形成了一个强大的左翼文化舆论场，更使无产阶级革命文学的影响在上海乃至全国迅速扩展开，成为其后左联成立的重要契机。

（三）中共与革命文学论争的停止

1928 年革命文学论争骤然爆发，创造社、太阳社、我们社、语丝社等文学社团先后卷入，活跃于北四川路的众多进步作家不断在报刊上相互攻讦，论争愈益激烈，使原本充满正义性和革命性的新文艺运动开始演变为无意义的混战，在革命力量之间造成了不必要的分歧与隔阂。这一趋势逐渐引起中共中央高层的关注。

1928 年 7 月，为加强党在进步作家中的影响，中共六大决议案明确要求"我党同志参加各种科学、文学及新剧团体"[13]。在此之前，创造社和太阳社等文学团体内，已分别建立了几个党小组，隶属于中共闸北第三街道支部。是月，中共江苏省委迅速将原分散在各街道的党员文化工作者组织起来，成立中共上海文化工作者支部，首批党员有潘汉年、孟超、李初梨、阳翰笙、潘梓年、洪灵菲、杜国庠(林伯修)、戴平万、秦梦青、杨邨人、楼适夷、蒋光慈、钱杏邨等21人,分4个小组,潘汉年任支部书记,孟超、李一氓任支部委员。在江苏省委统一领导下,上海文化工作者支部利用出版公开刊物,联络社会左倾文化团体,宣传马克思主义,占领文化阵地。同年冬,中共中央决定将文化工作者支部划归中央宣传部直接领导,仍由潘汉年担任书记。

1928年秋,周恩来、李立三等中央负责同志在参加完于莫斯科召开的中共六大归国途中,听取了中共哈尔滨县委书记任国祯(鲁迅在北京大学时的学生,与鲁迅有书信往来)的工作汇报,其中谈及创造社、太阳社等对鲁迅的围攻。周恩来、李立三均认为应当团结鲁迅,争取其为革命服务。回到上海后,周恩来立即指示江苏省委宣传部部长李富春,要求停止与鲁迅的论争。同年11月,李立三接替蔡和森,担任中央宣传部部长,并实际上成为中央政治局主要负责人。在其后一段时间中,李立三亲自参与了论争调停工作,与双方分别会谈,听取意见。1929年10月,中共中央宣传部成立中央文化工作委员会,潘汉年被任命为第一任文委书记,成员有李一氓、朱镜我、王学文、冯乃超、杜国庠等,下设社会科学组、文学组和出版组,成为党领导上海乃至全国文化战线的最高机关。这几人中,除潘汉年、李一氓外,余皆有留日经历。

文委成立后,面临的首要问题即是解决上海革命文艺阵营的内部论争,团结左翼文艺界同志,建立左翼作家联盟。根据周恩来、李立三等中央领导同志的指示,文委书记潘汉年先后发表《文艺通信——普罗文学题材问题》《普罗文学运动与自我批评》等文,对文艺界的教条主义、宗派主义作了批评和自我批评。文化支部也进行了讨论,统一认识。潘汉年等人还专门会见鲁迅,向其介绍了党对左翼文化运动的意见,取得了鲁迅的谅解。为便于各方联系,周恩来特意将未参与革命文学论争的夏衍从中共第三街道支部调出,参加左联筹备工作。

夏衍(1900—1995),原名沈乃熙,字端轩,出身于浙江杭州一破落书香之家,1914年毕业于德清县立高小,因品学兼优,公费入浙江省立甲种工业学校染色科学习。1919年在家乡参加五四运动,与同学发起并创办了进步刊物《双十》(后改名为《浙江新潮》)。1920年赴日留学,翌年考入九州明治专门学校电机科,在读期间开始研读马克思主义著作并参加日本工人运动。1924年,夏衍经孙中山、李烈钧介绍,加入中国国民党。1925年转入九州帝国大学工学部,曾任国民党海外部驻日总支部常委、组织部部长。四一二反革命政变后,驻日支部消息断绝,夏衍奉命回国打探。1927年5月,夏衍由长崎乘"上海丸"返抵汇山码头,住有恒路1号(今虹口区余杭路)蔡叔厚所办"绍敦机电公司"内。

蔡叔厚(1898—1971),字绍敦,浙江诸暨人,1918年毕业于浙江省立甲种工业学校。1921年赴日留学,考入明

章

蔡叔厚像

夏衍像

ARRIVALS

Date	Name	Tons	Captain	Flag	From	Where berthed	Consigees
May 13	Hsin Peking	1724	McDowell	Br	Ningpo		B & Swire
,, 13	Ningchin	1746	Niiassen	Chi	Ningpo		San Peh S N Co
,, 13	Luchow	1221	Potter	Br	Dairen	CNWP	B & Swire
,, 13	E. of Canada	12611	Robinson	Br	V'oouver, etc		Can. Pacific R. Co
,, 13	Daiboshi M N 5	7431	Hashimoto	Jap	Japan	WW	D Kisen Kaisha
,, 13	D'Artagnan	9527	Desirat	Fr	M'seilles, etc		M Maritimes
,, 13	Yeian Maru	822	Sugimoto	Jap	Japan		
,, 13	Emp. of Asia	8883	Lovegrove	Br	Hongkong		Can. Pacific R. Co
,, 13	Victorious	4753	Wiburg	Am	New York		A.d. Oriental Line
,, 13	Hessen	4887	Kirchhoff	Ger	Chefoo	CNWP	H-Amerika Linien
,, 13	Chusan	1338	Byrne	Br	Antung		B & Swire
,, 13	Shanghai Maru	2214	Yokota	Jap	Japan	WSW	N Ynsen Kaisha
,, 13	Fooching	702	Kyle	Chi	Foochow		Fooshing S S Co
,, 13	Fengpu	1172	Lee	Chi			San Peh S N Co

1927 年 5 月，"上海丸"曾四次抵沪，均泊于汇山码头（Way Side Wharf，简称 WSW）。
图为《字林西报》1927 年 5 月 14 日刊载的"上海丸"13 日到沪信息

治专门学校电机科,后入东京工业大学,研究高压电器的设计与制造。1924年回国,在有恒路1号创办"绍敦机电公司"。蔡叔厚思想进步,1927年加入中国共产党,以绍敦机电公司为中共闸北区委秘密交通联络机关,先后掩护过李维汉、叶剑英、张秋人、杨贤江、曾宪植、廖承志、夏衍、匡亚明、冯雪峰等数十位同志,被夏衍称为"有孟尝君风度的人物"。1930年调入中央特科工作,后曾参加左翼文化活动,保护方志敏狱中所作遗稿,资助阳翰笙、于伶创办昆仑电影公司等。

1927年五六月间,夏衍在中共闸北区委负责人郑汉先(夏衍在日本明治专门学校的同学)介绍下,于北四川路海宁路附近一家烟纸店楼上正式加入中国共产党,组织关系隶属于闸北第三街道支部孟超小组。该党组以太阳社成员为主,除办书店、编杂志外,主要负责提篮桥到杨树浦一带的工人运动,夏衍曾多次到下海庙一带工厂区工人群体中从事宣传鼓动。在这一时期,夏衍还积极从事翻译工作,坚持每天译2000字,译过的作品包括高尔基的《母亲》《没用人的一生》和柯根的《新兴文学论》等。

1929年10月,夏衍奉命参与左联筹备工作,不久迁居业广里(今虹口区唐山路685弄)42号一幢二层砖木结构石库门楼房内,开始了其文艺工作生涯。

（四）左联的成立

1929 年 10 月中旬,在党组织召集下,左联第一次筹备会议在北四川路公啡咖啡馆二楼一间可容纳十二三人的小房间内召开。会议中,潘汉年传达了中共中央关于停止文艺界内战,组建左翼作家联盟的指示,并要求尽快草拟左联纲领。此后,筹备会形成定例,大约每周一次,地点均为公啡咖啡馆。筹备组由鲁迅、夏衍、郑伯奇、冯乃超、彭康、阳翰笙、钱杏邨、蒋光慈、戴平万、洪灵菲、柔石和冯雪峰 12 人组成。鲁迅虽极少参会,但每次会议内容都会听取夏衍、冯乃超或冯雪峰的汇报并提供意见。至 1930 年 1 月下旬,左联纲领草案、组织机构准备工作已基本完成。

1930 年 3 月 2 日下午 2 时,左联成立大会在窦乐安路 233 号(今虹口区多伦路 201 弄 2 号)中华艺术大学楼内召开。这是一座假三层花园洋房,会场设于底楼中厅,由一间教室布置而成,简洁紧凑,内设一块黑板、一张讲台,讲台下方摆放着方凳和长凳。为安全起见,从北四川路底到窦乐安路中华艺大门口,党组织安排了大约 20 个纠察队员警戒,其中 4 人专责保护鲁迅,以防敌人偷袭。

出席当天会议的有潘汉年、鲁迅、冯乃超、夏衍、钱杏邨、郑伯奇、阳翰笙、田汉、蒋光慈、郁达夫、陶晶孙、朱镜我、许幸之等 50 余人,涉及创造社、太阳社、我们社、语丝社、引擎社、南国社、艺术剧社等诸多进步文艺社团。会场座无虚

窦乐安路233号(今虹口区多伦路
201弄2号)中华艺术大学

中国左翼作家联盟会址纪念馆

席,甚至连主席台旁、过道和门外都站满了人。众人推举鲁迅、夏衍、钱杏邨三人组成主席团。大会先由潘汉年代表党作了讲话。潘汉年强调中国革命正迎来高潮,左联要领导中国无产阶级文学运动,开展理论斗争,发展大众文艺,使无产阶级文学成为革命的武器。紧接着,冯乃超报告筹备过程,郑伯奇对纲领作了说明。

作为左联的灵魂和旗手,鲁迅在成立大会中号召左翼作家不能关在房子里,要勇敢走出书斋,深入工农大众的生活,了解革命的实际情况。同时,鲁迅也提出了左联的战略方针,即坚决与旧社会和旧势力作斗争,扩大战线,造就大群具有"韧"性的新文化战士。鲁迅的演讲内容后由冯雪峰整理,定名为《对于左翼作家联盟的意见》,登载在《萌芽月刊》第一卷第四期,成为左翼文艺运动的指导性文献。

这次大会还选出夏衍、冯乃超、钱杏邨、鲁迅、田汉、郑伯奇、洪灵菲7人为执行委员,周全平、蒋光慈为候补常务委员,通过了左联纲领和行动纲领要点,成立马克思主义文艺理论研究会、国际文化研究会、文艺大众化研究会等机构,创办机关杂志《世界文化》,参加工农教育,与国际左翼文艺团体建立联系等17项提案。[14]直至晚上7时,大会始告结束。

左联成立于白色恐怖极其严重的革命低潮期,它将分散甚至一度分裂的各个进步文学团体和个人团结在左翼文学旗帜之下,以澎湃的激情和无畏的热血投入轰轰烈烈的无产阶级革命文学运动中,宣传、介绍马克思主义理论,为大众点亮指路明灯。左联的成立,标志中国共产党对新民主主义文学运动真正实现了由思想到组织的全面领导,在大夜弥天的国民党心脏地带,迅速掀起了一股红色的文化狂飙。

(五)左联中的留日生

左联是 20 世纪 30 年代中国进步文学的旗帜,最初以创造社、太阳社和围绕在鲁迅周边的青年作家三支力量组成。自 1930 年成立至 1936 年解散,6 年时间中,除上海总盟外,左联还先后建立起北平左联和东京分盟,盟员人数则几经起伏,先后入盟者累计多达四五百人[15],成员构成亦日益复杂。按入盟时身份划分,左联盟员包括作家、干部(指党的工作者或职业革命家)、学生、工人、职员、教师、新闻工作者、社会青年等多个类别。但自始至终,留日生都是支撑这个群体的骨干力量。

鲁迅是老一代留日生,新文化运动的著名战将,在文坛享有崇高地位和巨大名望。早在左联筹备时期,党组织就已将鲁迅确定为左联的盟主、旗手。左联成立后,实行由执行委员会集体领导的体制。鲁迅作为执行委员之一,负责左联的理论指导,但仍是事实上的领导人和精神领袖,所有重要事情亦需得到他的同意。左联党团书记冯雪峰对鲁迅和左联的关系曾有精辟论述。他说："只要有鲁迅先生存在，左联就存在；只要鲁迅先生不垮，左联就不会垮；只要鲁迅先生不退出左联，不放弃领导，左联的组织和它的活动与斗争就能够坚持。"[16]

从左联的领导机关中，也可看出留日生的重要地位。左联最初选出的 7 名执行委员，分别是夏衍（负责理论研究和宣传）、冯乃超（负责与党内文艺领导人联系、与鲁迅联系）、钱杏邨（负责大学文艺社团与社团的刊物杂志）、鲁迅（左联旗手，负责理论指导）、田汉（负责大众剧社）、郑伯奇（负责剧艺社）、洪灵菲（负责管理组织）。这七人中，除钱杏邨、洪灵菲外，其余五人都有留日经历。此外，为加强党对左联的领导，左联内部成立了党团，担任党团书记的先后有潘汉年、冯乃超、阳翰笙、钱杏邨、叶林、丁玲、周扬。而在左联的上级领导机关中共中央宣传部的文委中，担任过书记的则有潘汉年、朱镜我、冯雪峰、阳翰笙、周扬。这些人中，朱镜我、冯乃超、周扬均有赴日经历，冯雪峰虽未留学日本，但亦曾花费大量时间自学日语。周扬从 1933 年起至 1936 年左联解散，是担任左联党团书记时间最长者，为后期左联做出了重要贡献。

周扬（1908—1989），原名起应，号运宜，湖南益阳人。1927 年考入上海大夏大学，开始接触马克思主义思想和新文化理念。四一二反革命政变后，经同学夏钟润介绍，加入中国共产党。1928 年，上海大夏大学毕业后赴日留学，在日

周扬像

左联出版的部分刊物

期间大量阅读马克思主义著作及左翼文学书籍,参加留学生"中国青年艺术联盟"组织的进步文艺活动。1930 年夏,返回上海,参加左翼戏剧家联盟。这一时期,周扬租住于北四川路德恩里,开始翻译和写作。1932 年重新入党,并转入左联。1933 年,任左联党团书记。

　　1935 年,中共江苏省委、文委等组织遭敌破坏,文委书记阳翰笙被捕;7 月,周扬接任文委书记之职,主张建立文艺界抗日民族统一战线。1936 年春,左联自动解散。1937 年 9 月,周扬奔赴延安,历任陕甘宁边区教育厅长、鲁迅艺术文学院副院长、延安大学校长等。新中国成立后,长期领导文化宣传工作,曾任中共中央宣传部副部长,文化部副部长、党组书记,中国作家协会副主席等职。

　　在左联的文学创作方面,留日学生亦是最重要的支撑力量。鲁迅的杂文,茅盾的小说,田汉、欧阳予倩等人的剧作,夏衍的报告文学,穆木天、蒲风的诗歌,黄源的翻译,周扬的文论等,都取得了巨大的艺术成就,铸造了中国近代文学史上的一座座丰碑。左联中的留日生还是左联众多进步刊物的负责人,如鲁迅主编《萌芽月刊》《十字街头》《前哨》,陶晶孙主编《光明》,周扬主编《文学月报》,沈起予主编《大众文艺》等。这些刊物大量登载宣扬马克思主义理论、热情歌颂无产阶级革命的文章,为渴求新知的青年知识分子提供了丰富的精神食粮。

二、留日生与虹口左翼文艺

左联的成立,犹如打开了左翼文艺活动的闸门,中国左翼剧团联盟、中国社会科学家联盟、中国左翼美术家联盟、中国左翼新闻记者联盟、教育工作者联盟以及音乐小组、电影小组等左翼文化社团接连成立,成为反抗国民党反动派统治的重要战线。在这过程中,左翼文人云集的虹口地区,更形成了一股红色文艺浪潮。

(一)中国左翼戏剧家联盟

中国近代话剧事业肇端于 1906 年成立于东京的春柳社,其发起人为留日学生李叔同、曾孝谷、欧阳予倩、陆镜若等,成员一度多达 80 余人,曾演出过《茶花女》《黑奴吁天录》等新剧。受其影响,1907 年,任天知、王钟声等在上海组织成立了春阳社、进化团等剧社,演出文明戏。新文化运动兴起后,以现实主义方法创作,展现普通人生活,批判旧伦理道德的新式话剧逐渐受到大众欢迎,20 世纪 20 年代初,上海民众戏剧社、戏剧协社、辛酉学社等相继成立。大革命失败后,大批进步文人涌入上海,革命热情与话剧运动交融并和,在文学社团聚集的北四川路一带,创造出了中国话剧事业新的中心。

1929 年 10 月,以归国留日生为核心的艺术剧社在北四川路永安里郑伯奇所办文献书店成立。这是近代中国第一个在共产党领导下成立的现代戏剧团体，社长为创造社元老郑伯奇，夏衍、沈西苓任导演，文学部有李初梨、冯乃超，许幸之、司徒慧敏布景美工，陶晶孙负责效果，凌鹤管道具，其余成员还有钱杏邨、孟超、杨邨人、朱光、李声韵、陈波儿、王莹、易洁、刘保罗、吴印咸、侯鲁史、唐晴初、陈劲生等，实际上形成了一个进步戏剧工作者的统一战线组织。成立后不久，剧社迁至窦乐安路12号，选定法国罗曼·罗兰的《爱与死的角逐》、德国米尔顿的《炭坑夫》和美国辛克莱的《梁上君子》3个剧目在北四川路底余庆坊一幢房子的楼下客厅排演。据夏衍回忆，剧团经费极为紧张，演员和所有工作人员都得自己管伙食、赔车钱。大家排完了戏，还常到施高塔路口的一家名叫"白宫"的广东小饭馆去吃一客两毛小洋的客饭。[17]

1930年1月6日，艺术剧团在虞洽卿路（今西藏路）宁波同乡会礼堂首次公演。演出前，与艺术剧团有联系的美国史沫特莱、日本尾崎秀实和山上正义等外国进步记者在上海的外文报上作了宣传，引起极大关注，故演出会场座无虚席，观众多为学生、工人中的进步分子，田汉、洪深、应云卫等著名话剧界人士亦到场观看。艺术剧团连演三日，效果极好，当"台上演到暴露资产阶级丑恶的时候，台下会发出热烈的掌声和欢呼"[18]。首次演出的成功，使剧团同仁备受鼓舞，不久第二次公演就在北四川路横浜桥一家日本人经营的上海演艺馆（今永安电影院原址）上演，剧目为冯乃超创作的独幕剧《阿珍》和陶晶孙等从德国小说家雷马克原作改编的《西线无战事》。在这次公演中，剧团因陋就简，勇于创新，在剧本、演出、舞台设计等方面都有新的突破，引起极大轰动。

左联成立后，话剧界亦觉有联合之必要。1930年3月19日，由艺术剧社倡导，摩登社、剧艺社、南国社、辛酉剧社、青鸟剧社、戏剧协社、复旦剧社、大夏剧社以研究中国戏剧、推动新兴剧团成长、反抗一切妨碍戏剧运动的恶势力为宗旨，共同发起成立上海戏剧运动联合会。然而，联合会甫成立月余，公共租界工部局即在4月28日查封了艺术剧社，不久南国社亦被国民党上海市党部宣布为反动团体，予以取缔。当局的蛮横激起了众人的怒火。1930年8月23日，在戏剧运动联合会基础之上，艺术剧社、南国社等7个进步剧团于福州路大西洋西菜社二楼召开大会，宣告中国左翼剧团联盟正式成立。大会选出艺术剧社为总务，摩登社、辛酉社担任组织，南国社负责宣传。翌年1月，为应对国民党对进步剧团的打压，经潘汉年向中共中央宣传部文委请示后，决定取消以剧团为单位的联合方式，将"左翼剧团联盟"改为话剧家个人自愿参加的左翼戏剧家联盟（简称剧联），机关设于施高塔路恒丰里，并选出以田汉为首的执行委员会。为加强领导，剧联内部建立党团，先后担任书记之职的有杨邨人、刘保罗、赵铭彝、于伶。

1930年艺术剧社在上海演艺馆公演《阿珍》和《西线无战事》,剧社负责人夏衍(左)与陶晶孙合影

田汉像

大道剧社演出照

田汉（1898—1968），原名寿昌，笔名田汉、陈瑜、伯鸿、绍伯、漱人等，出生于湖南长沙一农民家庭。早年就读于长沙选升高等小学、修业中学，1912年考入徐特立任校长的长沙县立师范学校。1916年，因舅父易象出任湖南留日学生经理处经理员，田汉随同赴日，考入东京高等师范人文科，学习英文。1919年加入少年中国学会，1921年与郭沫若等发起组织创造社，倡导新文学。1922年，田汉归国，受聘任中华书局编辑所文学部编辑。1924年初，与夫人易漱瑜共同创办《南国》半月刊，后相继任教于长沙第一师范学校、上海大学、大夏大学。1927年，出任上海艺术大学文学科主任、校长，翌年与徐悲鸿、欧阳予倩组建南国艺术学院。1930年，参与发起成立中国左翼作家联盟，并当选为7名执行委员之一。

剧联成立后，以秘密盟员为核心，广泛团结戏剧工作者，推动创立新的剧团。1931年1月，在剧联直接领导下，大道剧社在施高塔路（今山阴路）兴业坊17号成立，成员有五六十人，来自原艺术剧社、南国社、摩登剧社等多个剧社。九一八事变后，该社曾演出过田汉编写的反映学生抗日斗争的《乱钟》《解放》等独幕剧，产生过极大影响。1932年一·二八事变后，大道剧社社员在田汉带领下，参加了对前线抗日将士、伤病员的慰问演出。"何梅协定"后，剧社活动逐渐停止。

在党的领导下，剧联先后在上海、北平、南京、武汉、南通、广州、太原、青岛等地建立分盟或小组。众多戏剧工作者在白色区域深入工人、农民和学生群体，创作了大量进步剧目，灵活采取本联盟独立表演、辅助工友表演和本联盟与工友联合表演三种方式开展演剧活动，有力地扩大了左翼戏剧运动的影响。

（二）左翼美术运动

上海是中国近代美术运动的策源地。1912 年，刘海粟、乌始光及曾留学日本的同盟会元老徐朗西等共同于乍浦路创立上海图画美术院（后更名为上海美术专科学校），开近代海派美术教育之先河，毕业于东京美术学校的汪亚尘、陈抱一等人都曾于此任教。1926 年，该校爆发学潮，翌年被迫停办。在此前后，留日生周勤豪、王道源等于 1925 年在法租界创办上海艺术大学，所聘教员多为创造社成员，王独清、田汉先后主持过该校教务。此外，还有一些较小的美术教育机关，如 1927 年田汉创办的南国艺术学院，1929 年陈抱一于江湾创办的晞阳美术院等。但这些学校，"不是受了经济打击以致倒闭，便是因了内部的冲突而遭淘汰"[19]。在1926 年到 1929 年如火如荼的革命文艺论争中，美术这一支线颇为沉寂。

1929 年秋，在日本东京美术学校即将毕业的许幸之接到夏衍的电报，电报中希望其即刻归国，参加中共领导的中

留日时期的许幸之

华艺术大学的教学和管理工作。许幸之随即放弃赴法深造的计划,返回上海,出任中华艺大西洋画科的主任之职。不久,毕业于京都高等工艺学校的沈西苓亦加盟艺大。

　　许幸之(1904—1991),学名许达,笔名霓璐、天马、屈文、丹沙等,出身于江苏扬州一富裕商贾之家,8岁父殁,家道中辍。许幸之自幼喜爱书画,1916年拜名画家吕凤子为师,1919年入上海美专学习西画,1923年于周勤豪所办东方艺术研究所进修,其作品得到创造社郭沫若、成仿吾、郁达夫等人赞赏。1924年,在成仿吾支持下,赴日求学,先在川端画会专习素描,翌年考入东京美术学校西洋画科,受业于著名油画家藤岛武二。1927年,许幸之应郭沫若电召回国,于北伐军总政治部第三厅宣传科从事美术工作。不久,蒋介石发动四一二反革命政变,许幸之因左倾被捕,囚于上海龙华监狱。后经郭沫若、郁达夫奔走营救,由东京美术学校校长正木直彦作保获释,返校继续学业。其间,常参加戏剧讲习班及演出活动,并与王道源、沈西苓、司徒慧敏、周扬、余炳文、蔡素馨等一批进步留日学生组织青年艺术家联盟,被推举为联盟召集人。

回到上海的许幸之迅速投入革命文艺运动,于1929年10月加入创造社主创的艺术剧社。翌年2月,许幸之联合沈西苓、王一榴、刘露、汤晓丹等在北四川路底光明咖啡店楼上举行会议,成立时代美术社,社址设于窦乐安路中华艺术大学。在当年3月出版的《拓荒者》上,时代美术社发表宣言,痛斥那些崇尚拜金主义、只顾榨取民众利益的资产阶级画家,同时呼吁青年美术家团结起来进行斗争,文称:

> 青年美术家诸君!诸君应该认清他们的欺瞒和榨取,是他们压迫阶级一贯的政策。因而我们的美术运动,绝不是美术上流派的斗争,而是对压迫阶级的一种阶级意识的反攻,所以我们的艺术,更不得不是阶级斗争的一种武器了……时代的青年应该充当时代的前驱,时代的美术应该向着时代民众去宣传。中国的美术既是这样的落后,那么新兴美术运动的机轮便不得不负

担在我们的肩上了。团结起来吧！青年美术家诸君！团结是我们唯一的出路！个人生活是自己的灭亡！起来！把我们的新兴美术运动扩大起来！大家一致团结在时代美术社的旗帜之下，把拜金主义画家们的假面具撕破！[20]

时代美术社是"中国的最先的一个普罗美术的集团"，在其带动下，上海的左翼美术运动迅速发展起来，《大众文艺》《萌芽》《拓荒者》相继刊登了一些苏俄革命和日本普罗美术作品，同时一批反映中国无产阶级工作、生活的作品亦被创作出来，如许幸之的大型油画《工人之家》、司徒慧敏的《工人和农人都起来了》、陶晶孙的《木人戏》等。1930 年5 月，左翼美术家为配合五一节游行活动，还共同出版画报、创作街头政治宣传画。同年 7 月，时代美术社还在鲁迅的支

1930 年 7 月《红旗》关于中国左翼美术家联盟成立的报道

鲁迅（前排右3）与暑期木刻讲习会学员合影

长春路319号木刻讲习所旧址

1936年鲁迅(左1)和青年木刻艺术家在交谈

持下,于窦乐安路永安坊临街的一家书店楼上举办过一次苏联革命美术图片展览,展品大都由鲁迅收藏提供,包括苏联革命早期的宣传画、招贴画、军事画、漫画、木刻等复制品和印刷品。[21]

为加强左翼美术家之间的联合,在许幸之、沈西岑的四处奔走下,1930年7月中旬,来自一八艺社、上海美专、新华艺专、上海艺大、白鹅画会、时代美术社等美术团体或学校的代表以及从日本归国的叶坚、司徒慧敏等共30余人聚集于法租界环龙路(今南昌路)一幢双开间房子二楼前厅召开会议,组建中国左翼美术家联盟(简称美联)。大会由许幸之主持,选出许幸之、沈西岑为主席和副主席,于海任总干事。为便于各单位发展盟员工作,大会还推举许幸之、沈西岑、于海、张眺、江丰、胡一川、姚馥、刘露、张谔9人分别代

鲁迅先生在木刻讲习会(李桦 作)

表各个美术单位担任执行委员。美联成立后,总部设在窦乐安路中华艺术大学西洋绘画科,日常工作由许幸之、沈西岑、于海等几个常务委员负责。

美联成立之时,正是党内李立三"左"倾冒险错误盛行之际,在党组织领导下,美联除为上海反帝大同盟、互济会、上海总工会等画宣传画稿外,还常组织盟员参加游行示威、写标语、撒传单等活动。在反动力量的打压下,"盟员疲于奔命,队伍愈来愈少"[22]。到1931年初,随着中华艺大被查封以及许幸之转往苏州工作,美联的领导机构在无形中自行解体。

正当上海左翼美术活动处于凋零之时,杭州艺专部分向往普罗文艺的青年学生挺进上海,于1931年夏在江湾路附近设立一八艺社上海分社,其活动逐渐引起鲁迅、冯雪峰等人的注意。为引导和扶持他们,1931年8月17日至22日,鲁迅在北四川路底长春路360号三楼举办了为期6天的暑期木刻讲习会。鲁迅邀请内山完造胞弟内山嘉吉主讲,并亲任翻译。参加此次讲习会的学员有陈广、倪焕之、陈铁耕、江丰、胡仲明等13人。

因鲁迅的提倡,此次讲习会之后,不少进步青年美术家开始练习木刻,"刻木刻的人多起来了,木刻这门艺术开始成为中国左翼美术运动的主力军",以致国民党反动派"甚至认为刻木刻的都是'共党分子'"[23]。木刻版画花费较少,且于革命之时易于普及推广,新兴木刻运动的发展为无产阶级革命美术开辟了新的方向,也使鲁迅成为后期上海左翼美术运动的重要推手。

(三)左翼电影运动

20世纪二三十年代,上海已是中国当之无愧的"影都",不仅影楼林立,而且孕育出明星、国光、上海、大中华、百合、天一、长城、神州等大大小小百数十家电影制片公司,仅虹口一带就有40余家。1926年,上海《紫罗兰》杂志统计各制片公司已出或将摄之影片,共有168部之多[24],题材多为神怪、武侠、恋爱、情色之类,显示出此时上海虽已形成了庞

章

大的电影市场,但在电影理论、编剧等方面亟须进步思想的引导。

田汉是最早介入电影领域的左翼作家。他自幼喜爱戏剧,在日留学期间,就为新奇的电影着迷,他曾回忆说:"我在东京读书的时候,正是欧美电影发达的初期,当时日本正在努力学步。我有很多时间是在神田、浅草一带电影馆里消磨的。我的眼睛因此而变成近视。"[25] 1925年,田汉为新少年影片公司撰写《翠艳亲王》剧本,这是其电影创作的初次尝试。翌年夏,田汉在上海发起成立南国电影剧社,在发起宣言中,田汉说:"酒、音乐与电影为人类三大杰作,电影年最稚,魔力也最大,以其能在白昼造梦也。"[26] 同年11月,田汉受苏联驻上海领事之委托,在南国电影剧社放映爱森斯坦的《战舰波将金号》,这是苏联电影第一次在上海上映。

九一八事变后,上海各界爱国热情高涨,对老一套的武打、爱情片渐失兴趣,各电影公司迎合民众需求,纷纷开始"左转"。田汉负责的剧联敏锐察觉了这一变化,在1931年9月及时发布《最近行动纲领》,首次明确提出了"中国左翼电影运动"的口号,要求盟员兼顾电影运动,"除产生电影剧本供给各制片公司并动员盟员参加各制片公司活动外,应同时设法筹款自制影片",这个纲领还提出了组织"电影研究会",吸收进步演员与技术人才以为左翼电影运动基础的建议。[27] 担任左联执行委员的夏衍亦颇看重电影的影响力,认为"电影是最容易普及的,如果放弃这个武器很可惜,对

众女星摄于天一影片公司。坐者自右至左分别为徐琴芳、阮玲玉、黎明晖、胡蝶、陈玉梅、胡珊（胡蝶堂妹），立者自右至左为范雪朋、徐来、唐雪卿

未来讲更是错误的"[28]，不仅对左翼电影事业大力支持，而且亲自投身其中。

　　1932 年，上海的左翼作家吹响了大举进军电影界的号角。这一年 5 月，夏衍、郑伯奇、钱杏邨等经瞿秋白等领导同志同意，开始担任明星公司"编剧顾问"。他们的加盟使明星公司迅速转型，仅在 1933 年就拍摄了 20 多部具有进步倾向的影片，其中有夏衍编剧的《狂流》《春蚕》《上海二十四小时》《脂粉市场》《前程》，阳翰笙编剧的《铁板红

1934年6月30日,田汉编剧、聂耳作曲的歌剧《扬子江暴风雨》在上海公演

泪录》,沈西苓编剧的《女性的呐喊》,夏衍、郑伯奇合编的
《时代的儿女》等作品。影响所及,联华、艺华等公司相继起
用了田汉、阳翰笙、聂耳等左翼文艺工作者。创立于虹口、由
邵醉翁、邵邨人、邵仁枚、邵逸夫四兄弟经营的天一影片公
司亦加入了这一潮流,先后招募沈西苓、汤晓丹、司徒慧敏、
许幸之等人从事布景设计等工作,沈、许二人后分别转至明
星公司和电通公司担任导演。此外,党组织还有意识地将文
学界、话剧界、音乐界、美术界中的左翼青年介绍到各电影
公司,使以共产党人为首的进步电影工作者逐渐成为各电
影公司的创作骨干。

影评工作是左翼电影运动的另一条重要战线。1932 年 7 月，经文委同意，在剧联下成立了一个影评小组，由田汉负责，成员初期有夏衍、石凌鹤、王无尘、鲁思、徐怀沙等数人，此后郑伯奇、钱杏邨、沈西苓、聂耳、唐纳、毛羽、李之华、于伶、赵铭彝等人亦陆续加入。他们不仅撰写各种影评，还通过茶话会、座谈会、派成员进入各电影公司和担任各报副刊编辑等多种方式，成功占领了舆论阵地，"《申报》的'电影特刊'、《时事新报》的'电影时报'、《晨报》的'每日电影'、《中华日报》的'电影新地'、《民报》的'电影与戏剧'，几乎全部为这个小组所掌握"[29]。通过这些报刊的引导，党组织成功营造了一个有利于左翼电影发展的舆论环境。

1933 年 3 月，党在文委之下又成立了一个电影小组，以直接领导电影工作，其成员有夏衍、钱杏邨、王尘无、石凌鹤、司徒慧敏 5 人，皆为共产党员，夏衍担任组长。1934 年，在电影小组推动下，由司徒慧敏与留美学生司徒逸民、龚毓珂创办的电通股份有限公司改组为电通影片公司（简称电通），该公司初设于蒲石路（今长乐路），不久迁至荆州路 405 号。电通影片公司由夏衍、田汉等主持电影创作，司徒慧敏担任摄影场主任，编导有许幸之、袁牧之、应云卫，音乐有聂耳、吕骥、贺绿汀，演员有陈波儿、王人美、王莹、施超、唐槐秋、周伯勋等。在电影小组领导下，电通执行左翼电影运动的创作方针，在成立后的一年半时间中，相继拍摄了《桃李劫》《风云儿女》《自由神》《都市风光》4 部影片，以艺术的

电通三好友：马德建、龚毓珂、司徒逸民，刊于《良友》杂志 1934 年第 100 期

《风云儿女》电影广告

方式揭露了黑暗的社会现实和人民群众的悲惨生活,宣传了抗日救亡运动。电影中一些充满革命斗志的歌曲,如田汉作词、聂耳作曲的《毕业歌》《义勇军进行曲》等,犹如厝火积薪一般,迅速点燃了千百万国人为争取民族解放而斗争的激情。

特殊的时代背景、中共的努力推动与进步作家的创作激情三者结合,共同促成了 20 世纪 30 年代左翼电影的热潮。据夏衍等人统计,从 1932 年底上映的《三个摩登女郎》开始,上海在 20 世纪 30 年代一共摄制了 74 部左翼电影。[30]这些影片深刻反映了工人、农民恶劣的生存环境,揭露了中国女性所受的深重压迫,以及知识青年的苦闷和觉醒历程,促进了人们对中国现实社会的了解,极大激发了民众的爱国热情和革命斗志。

三、虹口左翼文人的活动场域

20 世纪 20 年代末至 30 年代初,上海虹口聚集了一大批才华横溢的知识分子和文学青年,他们常常一起畅谈文学,相互砥砺,形成了浓郁的革命文化氛围。施蛰存曾回忆那时的生活:"睡到自然醒起来,大家就聚在一起聊天聊文学,下午到附近的虹口游泳馆游泳,或者去四川北路上的书店翻书、看报纸刊物……晚上则一起喝个咖啡,回家继续写作。"[31] 围绕着这些知识分子的日常生活,一些有别于传统文人的新的活动场域开始形成。

（一）出版社与杂志社

民国年间,虹口文化出版业十分发达,大量书店、书局聚集于北四川路一带,形成了仅次于福州路的第二条文化街。据上海出版界老人朱联保先生回忆,北四川路"除商务印书馆分馆外,有新知书店、群益出版社、良友图书印刷公司、水沫书店、天马书店、春野书店、南强书店、大江书铺、湖风书局、创造社出版部等十余家,而且都是在三十年代前后,出版进步书刊的"[32]。这些机构与众多左翼知识分子相辅相成,不仅是他们安身立命之所,也是上海左翼文艺活动的重要场域。

创立于 1897 年的商务印书馆是中国近代最具影响力的民营出版社,与北京大学一起被誉为中国近代文化的双子星,其发展兴盛与大量留日生的贡献密不可分。早在1903 年,商务印书馆就与日本著名出版社"金港堂"建立了合作关系,并聘请小谷重、长尾積太郎、加藤驹等日人参与编辑出版工作。留日教育兴起后,商务印书馆大力延揽归国留日生,如曾率浙江大学堂学生东渡并任留学监督的高梦旦归国后即被聘为商务印书馆国文部主任,被称为商务印书馆的"参谋长",孟森、陶葆霖、陈叔通、陈承泽、刘崇杰、郑贞文、周昌寿等亦是商务印书馆骨干。商务印书馆编译所中

商务印书馆虹口分店

留日生云集,据统计,在 1903 年至 1930 年间,编译所共聘请归国留学生 75 人,其中曾留学日本的高达 49 人,其余留美者 18 人,留学英、法者仅寥寥数人。[33]

　　大量留学生的聚集使商务印书馆成为新思想发达之地。早在 1922 年,中共就在商务印书馆中设立秘密联络点,而担任联络员这一重任的就是商务印书馆中的首位中共党员沈雁冰(茅盾)。

　　沈雁冰(1896—1981),原名德鸿,字雁冰,浙江嘉兴桐乡人,曾先后就读于乌镇立志小学、植材高等小学、湖州中学、嘉兴中学,1913 年考入北京大学预科第一类,1916 年期满后因家贫失学,入商务印书馆编译所工作,负责编辑《学生杂志》,其间于《学生杂志》《妇女杂志》《学灯》《解放与改造》等刊物发表大量介绍西方思想理论的文章。五四运动后,沈雁冰开始接触马克思主义,并结识陈独秀、李汉俊等人，成为《新青年》撰稿人之一。1920 年 10 月，沈雁冰经李达、李汉俊介绍加入上海共产党早期组织，11 月被商务印书馆选为《小说月报》主编。

中共一大之后，各地党组织次第建立，党中央与各地党组织之间的信件往来日益频繁。因沈雁冰主持《小说月报》编务，中央认为这是一个极好的掩护，任命其担任中央直属联络员，编入中央工作人员的一个支部，商务印书馆由此成为党的重要基地。沈雁冰曾回忆称：

> 外地给中央的信件都寄给我，外封面写我的名字，另有内封则写"钟英"（中央之谐音），我则每日汇总送到中央。外地有人来上海找中央，也先来找我，对过暗号后，我问明来人住什么旅馆，就叫他回去静候，我则把来人姓名住址报告中央。因此，我就必须每日都到商务编译所办公，为的是怕外地有人来找我时两不相识。[34]

1925 年 3 月，商务印书馆在北四川路昆山花园路口沿街建成一座钢筋混凝土结构的三层楼房，占地 360 平方米，建筑面积 1100 平方米，并于此设立商务印书馆虹口分店（今 1925 书局）。开店不久，原在发行所工作的陈云被调入此处担任店员。在随后的五卅运动中，陈云带领商务印书馆工友积极响应，亲身感受到了工人运动的强大力量。

在五卅运动的影响下，1925 年 6 月 21 日，商务印书馆职工借虹口虬江路广舞台召开工会成立大会,到会会员和各界代表约 4000 人。因具备较好群众基础,党中央决定以商务印书馆工会为核心,推动上海工人罢工运动形成新的高潮。为此,党在罢工委员会中设立了临时党团,成员包括徐梅坤、沈雁冰、杨贤江、陈云等 10 余人。

1925 年 8 月 22 日,陈云率商务印书馆发行所 400 余职工首先发动罢工斗争,提出增加工资、改善待遇、缩短工时、承认工会等要求,商务印书馆印刷所、编译所、总务处群起响应。24 日,经沈雁冰执笔,罢工职工代表正式向资方提出《复工条件》12 条。经过 6 天的斗争,工人们的要求大多得到了实现。在他们的激励下,中华书局工人、邮政工人相继罢工,上海工人运动迎来了一个新的高潮。这些运动宣扬了马克思主义思想,促进了知识分子和工人阶级的结合。据统计,在五卅运动时期,商务印书馆中有约 170 名共产党员,而至 1926 年 10 月,商务印书馆的共产党员和共青团员已增至约 400 人,占该馆雇员的 10%。[35]

1926 年 4 月初,沈雁冰辞去商务印书馆职务,专任国民党上海交通局代主任一职。1927 年四一二反革命政变后,沈雁冰转入地下工作,隐居于东横浜路景云里潜心创作。大革命的失败使沈雁冰陷入极度痛苦的心境中,并将倾诉欲望倾注笔端,仅四周时间,他就完成了小说《幻灭》的创作,并首次以茅盾这一笔名将《幻灭》发表于 1927 年 9 月出版的《小说月报》上。1928 年 7 月,沈雁冰在陈望道的护送下,悄悄登上一艘驶往神户的日本轮船，开启了一年多的流亡生涯，直至 1930 年 4 月，方才再次返回上海。

位于北四川路鸿庆坊（今四川北路中信广场附近）的良友图书印刷公司是虹口左翼文人另一重要去处。该公司于 1926 年创办了《良友》画报，这是近代中国第一本大型综合性画报，以图文并茂的新颖形式报道时事、政治、军事、社会新闻，雅俗共赏，月销量曾达 4 万多份。据时为上海音乐会会长的傅彦长[36]日记显示，仅在 1927 年，傅彦长就到过良友公司 29 次。鲁迅因喜收藏美术画册，亦"常到良友公司的门市部，看看有什么可买的书……良友出版的美术书籍，他也偶然买一两本回去"[37]。1928 年 2 月，《良友》第三任主编梁得所在著名画家司徒乔陪同下赴景云里拜访鲁迅。司徒乔为鲁迅作炭笔素描头像一幅，极少公开发表照片的鲁迅还破例允许梁得所在其书房中为其拍摄了一组照片，后连同转载的一篇《鲁迅自叙传略》共登于 1928 年 4 月号《良友》之上，为世人留下了鲁迅在书房的经典形象。

鉴于《良友》的巨大影响力，1929 年党还在筹建左联时，文化支部就在良友公司中建立了秘密通信点，负责传递信息。1932 年一·二八事变后，为扩大左翼文化影响，郑伯奇化名郑君平，应聘良友图书印刷公司编辑，撰写国际时事评论并担任《电影画报》主编。在郑伯奇引荐下，夏衍、钱杏邨（阿英）、石凌鹤等中共地下党员纷纷以文化人士身份出入良友公司，与《良友》第四任主编马国亮及编辑赵家璧等结为

《良友》创刊号

《良友》画报 1928 年 4 月号鲁迅专页

章

好友,促使了良友公司的出版方向及《良友》画报的编辑方针逐渐转向进步。1932年,在良友公司出版的《一角丛书》中开始大量出现左翼文学家的名字:董绍明、何畏、杜国庠、丁玲、钱啸秋、钱杏邨、夏衍、周扬、袁殊、张天翼、沈起予、赵铭彝、林克多等。与此同时,茅盾、丁玲、张天翼、楼适夷等人的散文或小说也陆续登载在《良友》画报上。这样,"在上海的进步出版界阵营中,便出现了'良友公司'这样一支引人注目的新军"[38]。

1927年后,大量革命青年和左翼文人涌入上海,相近的理想信念、窘迫的生存现实促使他们纷纷团结起来,成立各种各样的红色出版机构。我们社杜国庠在当时的建议最能代表他们的心声:

> 由于(成员)住地分散,杜老倡议成立一个出版社,租一间临街的小商店,开设一个门市部,作为书店。一方面自己出版书籍,自己卖书。因为当年一些书店老板,出版书籍的目的是为了赚钱,对于进步的文章,老板认为不能赚钱,就不要。因此,最好是自己出书,同时也有一个大家随时见面的地方。[39]

在这一波创办出版机构的浪潮中,他们纷纷将左翼文人云集的北四川路一带作为书店的首选之地。1927年12月,太阳社成员蒋光慈、钱杏邨、孟超等人首先成立春野书店,除自编《太阳月刊》外，还出版了《暴风雨里》（蒋光慈著）、《胜利的死》（钱杏邨著）、《战线上》（杨邨人著）等书籍。1928年初，创造社出版部也迁到了麦拿里41号。不久，我们社的杜国庠、洪灵菲、戴平万等人在北四川路海宁路357号开办了晓山书店，聘请杜国庠、郁达夫任正副顾问，洪灵菲为社长兼主任编辑，出版《我们社丛书》和《我们》月刊。同年，陈望道、汪馥泉在东横浜路景云里4号创办了大江书铺，编辑《大江月刊》并出版左翼文人著作和马克思主义理论译著。1929年施蛰存、戴望舒等人在北四川路公益坊创办的水沫书店以及郑伯奇在永安里创办的文献书店相继开业。1930年"红色小开"谢旦如在老靶子路（今武进路）设立公道书店，左联机关刊物《前哨》第一期纪念左联五烈士的《纪念战死者专号》就在此印刷装订。

　　1930年前后，党在上海的文化宣传工作一直处在严酷的白色恐怖中。上述红色出版机构的存在，不仅为众多左翼文人解决了生存问题，更宣传了革命思想和党的理论，成为党插在敌人心脏地区的锋利匕首。虽然，由于国民党文化高压政策和经营等问题，这些红色出版机构大多存世不长，但它们在中国近代革命史和文学史中都留下了光辉的身影。

（二）内山书店

　　1927年10月5日，就在鲁迅从广州迁居上海的第三

章

大江书铺出版的部分图书

位于四川北路 2048 号
的内山书店

天,鲁迅第一次走进了位于北四川路魏盛里的内山书店。据鲁迅当天日记记录,在一阵挑选后,鲁迅购买了四种书籍,共花去 10 元 2 角。[40] 当时 21 岁的店员王宝良并不认识鲁迅,但多年后他仍对鲁迅与内山书店的初次邂逅记忆犹新:

> 大概是我 21 岁的那一年的一个夏天的下午,一个顾客也没有,我和内山夫人都闲坐在那儿。这时从外面进来一个人,穿一件竹布长衫,脚上穿一双白色的橡皮底鞋子,鞋帮已经不怎么白了,头发长得很长,有一点小胡子,咬着一个竹制的烟嘴。他是从东面那个门进来的,先顺着书架一声不响地大致浏览一周,然后又返回来选书;每一本都看得很仔细:看书的装帧,看书名,看目录,还大致看一下内容……这个人一选就选了十几本,总共要 50 多元(编者注:与鲁迅在当天日记中所记购书金额不一致)——这个数字已经超过内山书店一天的营业额。这引起我们对他的注意。[41]

此后鲁迅便成了内山书店的常客。一天,鲁迅的身影又一次出现在了这里,恰巧店主内山完造也在。在挑好几本书后,鲁迅用漂亮的日本话对内山完造说:"老板,请你把这些书送到窦乐安路景云里 ×× 号去。"早就注意到鲁迅的内山完造立刻问:"尊姓?"在得知来人是鲁迅后,内山完造喜出望外:"啊……你就是鲁迅先生么?久仰大名了,而且也

《字林西报》1913 年 3 月 27 日刊载的 "春日丸" 到沪信息。该船当月 26 日停靠三菱码头与汇山码头之间的公和祥码头（Shanghai Hongkew wharf，简称 SHW）

听说是从广东到这边来了，可是因为不认识，失礼了。"[42] 就这样，鲁迅与内山完造的 10 年友谊开始了。

内山完造（1885—1959），日本冈山县人，12 岁自高小退学后至大阪打工。1913 年进入大阪眼药公司 "参天堂" 工作。同年 3 月 24 日，内山完造由神户乘 "春日丸" 赴上海，26 日于虹口公和祥码头登陆，随即成为上海日信大药房（参天堂的上海代理店）职员。[43] 1917 年与妻子美喜在北四川路魏盛里 169 号开设内山书店，初以销售基督教书籍为主,后逐渐引入《现代日本文学全集》《经济学全集》《马克思恩格斯全集》等进步书籍,营业逐渐扩张。得益于内山完造的经营有方和热情好客,内山书店早在鲁迅到上海之前就在沪上知识分子中享有盛名。日本学者高纲博文对此曾生动描述道:"1920 年,李人杰、白逾桓、陈望道成为内山书店的顾客,1923 年田汉、欧阳予倩、郑伯奇、谢六逸等成为常客,不久,郭沫若和郁达夫也来了。"[44] 傅彦长在 1927 年一共去了内山书店 28 次。[45] 当然,去内山书店最多的,还是之后到来的鲁迅,据不完全统计,从 1927 年 10 月至 1936 年 10 月,鲁迅共去过内山书店 500 多次,累计购买图书 1000 余册,平均每三天在此购书一本。[46]

　　内山书店位于"半租界"地带的三不管区域,店内常年出售别处无法买到的进步书刊和马克思主义著作,颇受知识青年和左翼文人欢迎。店内采用开放式书架,顾客可自行翻阅图书。在营销策略上内山极为灵活,对一些囊中羞涩的青年,甚至可赊账或分期付款。这里不仅是知识的海洋,更是社交之所,常有左翼文人于此聚会。1928 年,夏衍就是在这里经内山完造的介绍,结识了鲁迅。为便于学者交流,内山完造还在书店内创设了"文艺漫谈会",一盏灯下,七八张沙发和椅子围着一张小桌,"凡有空暇的人或者疲累的客人,谁都可以坐下,喝喝茶啦什么的,一边宽荡荡地看看书,谈谈话"[47]。在阴冷的冬天,桌旁还会生起炭火盆照顾来客,盆内置一只三角圆架,上坐茶壶,冲饮日本宇治特产清

茗。郭沫若、田汉、郁达夫、郑伯奇、欧阳予倩等都是此中常
客,鲁迅更是"执笔得疲乏了,或是看书倦了的时候,就荡过
来"[48]。每有日本知名文艺家到访上海,内山完造也热情邀
请他们参加活动。1926 年,日本唯美派文学代表谷崎润一
郎请内山为其介绍上海知名新文学作家,受邀到内山书店
的"郭沫若、田汉、欧阳予倩、谢六逸、王独清、陈抱一、傅彦
长、汪馥泉、郁达夫等几位作家、诗人、剧作家、画家聚集在
一起,再加上中国戏剧研究会的塚本助太郎等人,围着谷崎
畅谈了起来"[49]。

　　1929 年,内山书店迁至北四川路施高塔路 11 号(今四
川北路 2048 号),沿街面开设了新店铺。当时租住在赫德
路嘉禾里的郁达夫仍常到这里,据王映霞回忆,他们需从
嘉禾里走到静安寺搭乘 1 路电车,行一个小时左右,到达北
四川路底的终点站,下车之后即可望见白漆门面的内山书
店。此时尚住在景云里的鲁迅去书店的距离则较原来多了
一倍。1930 年,鲁迅在内山完造的介绍下至拉摩斯公寓居
住,相关租住手续及其后的房租、水电、煤气事宜均由内山
代办。鲁迅与内山完造形成了完全信任的关系,内山书店也
几乎成为鲁迅的"会客厅"。这一时期,当鲁迅约见友人或
为党做秘密接线工作时,一般都是以内山书店为第一见面
地,之后再视情况转至邻近咖啡店会谈。外界欲寻找鲁迅,
往往也是通过内山书店转达信息。1930 年初,潘汉年就是
在内山书店二楼与鲁迅见面,商讨加强左翼文化团体合作

等问题。

1932 年一·二八事变中,拉摩斯公寓遭到枪击,鲁迅一度搬至内山书店楼上暂住,与内山完造的关系更进一步。当年 6 月后,鲁迅甚至将自己与外界书信往来的地址改为"北四川路底施高塔路内山书店转周豫才收"。也就是在这一时期,内山书店开始代理鲁迅著作的发行工作。

(三)咖啡馆

咖啡是舶来品,自 19 世纪中叶登陆上海后,在外侨带动下逐渐在知识分子和"小开"中流行起来。至 20 世纪 30 年代,各式各样的咖啡馆已遍布租界。1933 年,居于虹口的鲁迅曾感叹道:"在上海,五步一咖啡馆,十步一照相馆,真是讨厌的地方。"[50]

左翼文人中与咖啡馆关系最深的当属创造社诸人。1928 年初,创造社出版部迁至北四川路麦拿里 41 号,创造社随即在该处三楼开设了一家上海咖啡店。同年 8 月 8 日,《申报》刊载了一篇《上海珂琲》的文章,署名"慎之"。该作者称自己在这家咖啡店遇到了龚冰、鲁迅、郁达夫等文化名人,并认识了孟超、潘汉年、叶灵凤等人,"他们有的在那里高谈着他们的主张,有的在那里默默沉思,我在那里领会到不少教益呢"。此时郁达夫已与创造社决裂,鲁迅则与创造社诸人论战正酣,见此新闻,怒不可遏,立刻展开口诛笔伐。

先是郁达夫于 13 日在《语丝》发表《革命广告》一文,称 "我这一个不革命的小资产阶级郁达夫……对于奢华费钱的咖啡馆,绝迹不敢进去"[51]。而鲁迅的一篇《革命咖啡店》终于使上海咖啡店在近代文学史上留下了浓重的一笔。鲁迅辛辣又不失幽默地讽刺道:

> 遥想洋楼高耸,前临阔街,门口是晶光闪灼的玻璃招牌,楼上是 "我们今日文艺界上的名人",或则高谈,或则沉思,面前是一大杯热气蒸腾的无产阶级咖啡,远处是许许多 "蠕蠕的农工大众",他们喝着,想着,谈着,指导着,获得着,那是,倒也实在是 "理想的乐园"。

文末鲁迅还做了几点声明,称 "这样的咖啡店,我没有上去过",因为 "我是不喝咖啡的,我总觉得这是洋大人喝的东西,不喜欢,还是绿茶好……至多,只能在店后门远处彷徨彷徨,嗅嗅咖啡渣的气息罢了"[52]。

如鲁迅所言,他未去过上海咖啡店,因此对其景象只能 "遥想"。但日本作家村松梢风却对此处有亲身体验。1928 年秋,村松梢风赴沪游历,常与朋友到上海咖啡店,"坐在三楼临窗的安乐椅上,俯视着深夜的街景"。在其所著《魔都》一书中,揭开了上海咖啡店的面纱:

> 有一家沿街的店名叫上海咖啡馆,底层是书店,三

楼是咖啡馆。这是一间四方形的大屋子，放置着大理石的桌子和坐起来很舒服的椅子。这家店虽只卖咖啡和酒，但你若想点菜，也可从别的菜馆里叫来。这家店的特色是使用女招待，学日本咖啡馆里女招待的样，也有这样的三四个中国女郎在忙着。[53]

　　鲁迅虽不喜喝咖啡，但实际上也是咖啡馆的常客。因为咖啡馆多是外国人经营，中国人较少去，而外国人对喝咖啡的人也不太在意，较为清净，是谈事情的好场所，所以鲁迅也常手捧绿茶端坐在咖啡馆。离鲁迅所居大陆新村百米之遥的北四川路 194 号拉摩斯公寓楼底（今四川北路 2079 号）就有一家俄国人经营的咖啡馆，店名 Astoria（鲁迅日记中记作奥斯台黎），俗称"白俄咖啡店"。该店在内山书店斜对面，仅一开间门面，规模较小，却胜在幽静。鲁迅往往与客人在内山书店碰头后，便来这里谈话。1933 年，成仿吾奉鄂豫皖苏区省委之命秘密返回上海寻找党中央，因情况变化，逾半月未有所得。成仿吾不得不通过内山完造约见鲁迅，双方会谈的地点即安排在白俄咖啡店。鲁迅不负所托，见面后的第二日即帮助成仿吾联系上党组织。1934 年 11 月 30 日，鲁迅在内山书店见到了刚从东北来上海的青年作家萧军、萧红，"然后鲁迅夹了个包袱，走出了内山书店，二萧保持了一段距离默默地跟着鲁迅后面走。向南过了大马路，走人行道上向西行，鲁迅进了一家咖啡馆，二萧随着进去"[54]。这家

茅盾夫妇在寓所大陆新村 6 号门前

公啡咖啡馆

咖啡馆就是白俄咖啡馆,萧红曾这样描述道:

> 老靶子路有一家小吃茶店,只有门面一间,在门面里边设座,座少,安静,光线不充足,有些冷落。鲁迅先生常到这吃茶店来。有约会多半是在这里边,老板是白俄,胖胖的,中国话大概他听不懂。[55]

同住在大陆新村的茅盾也常到这家咖啡馆与人约谈,"我们有时两三个人要商谈什么,对方又不便领到家中来的,就在那里会面"[56]。1937年八一三淞沪会战爆发后,此店关闭。

位于北四川路998号(今四川北路多伦路转角处)的公啡咖啡馆亦因左翼文人而闻名,被称为"左联诞生的摇篮"。此处建筑建于20世纪20年代初,系一幢坐西朝东三层砖木结构的沿街楼房,一楼是外国人开设的售卖糖果、罐头食品的商店,公啡咖啡馆设于二楼,店主是日本人(一说犹太人)。冯乃超称"它的顾客很少,我们倒是常去,有时就在那里开会,几乎被我们包下了"[57]。1929年10月,左联第一次筹备会议即在此召开。鲁迅首次踏入这家咖啡馆是在1930年2月16日,在当天的日记中,鲁迅记称,"午后同柔石、雪峰出街饮加菲",实则是参加"上海新文学运动者底讨论会",出席者有鲁迅、夏衍、郑伯奇、冯乃超、彭康、沈起予、华汉、蒋光慈、钱杏邨、洪灵菲、柔石、冯雪峰12人。这样,在党组织的努力下,1928—1929 年革命文学论争的双方以喝咖啡的方式聚在一起,终于冰释前嫌,共同决定成立左翼作家联盟筹备委员会。除左联外,1931 年 1 月,由夏衍主持的剧联筹备会也曾在此处召开。

(四)电影院

电影初称西洋影戏,清末已由西人引入上海。1908 年,西班牙人雷玛斯于虹口以铁皮搭建一能容纳 250 人的简易建筑,取名"虹口活动影戏院",是为上海第一座固定场所影院。三年后,葡萄牙人郝思倍在北四川路设立爱普庐影戏院,计有座位 500 余个,与雷玛斯两强并立。

进入民国后,上海内外环境相对稳定,城市经济迅速发展,虹口因便利的交通、紧邻闹市的区位优势以及相对低廉的土地价格吸引了大量移民和侨民涌入,电影消费市场日渐成熟,各方势力遂大举进入此领域,相继投资建设爱伦、夏令配克、共和、东和、万国、奥迪安等影院。至 20 世纪 30 年代,北四川路一带已是影院云集,有 32 家之多,几占上海影院之半数。

电影形式新颖、奇异,影院较舞台宽敞、安静、高雅,片中的异国风情再再吸引着沪人,这使得电影与文明时尚结为一体,迅速风靡起来。观看电影也逐渐成为知识分子重要的休闲娱乐方式。

奥迪安大戏院内景

上海大戏院

鲁迅对电影并不陌生，早在日本留学时就有观影记录。来到上海的第四天，鲁迅与许广平邀李小峰等友人饮于言茂源，饭后即至老靶子路福生路（今罗浮路）口的百星大戏院观看《剪发奇缘》。移居景云里后，鲁迅观看电影则多选择附近影院。相继出现在其日记中的影院有北四川路横浜桥北首日本演艺馆、北四川路宜乐里奥迪安大戏院、虹口大戏院、上海大戏院、爱普庐影院等。1927 年 10 月 21 日，鲁迅在给友人的信中称："我到上海已十多天，因为熟人太多，一直静不下来，几乎日日喝酒，看电影。"[58] 及至 1934 年，鲁迅在发表于《申报·自由谈》的杂文中还称："去年到上海来，才又得到消遣无聊的处所，那便是看电影。"[59] 据鲁迅日记中不完全统计，在其生命最后 10 年中，共计观影 151 场次，涉及喜剧、动作、冒险、历史、战争、恐怖、爱情、音乐、科幻、动画等各种题材电影 144 部，欧美影片为多，国产片极少。

鲁迅常在与朋友宴饮后同往观影，甚至是七八个人一道，似乎"喜欢和别人一同领受这仅有的娱乐机会"，但有时晚间，"小孩子睡静了，客人也没有，工作也比较放得下来的时候，像突击一下似的，叫一辆车子，我们（鲁迅与许广平）就会很快地溜到电影院里坐下来"[60]。鲁迅常买最贵的票，坐最好的位置，据许广平回忆："开初我们看电影，也是坐在'正厅'的位置的。后来因为再三的避难，怕杂在人丛中时常遇到识与不识，善意或恶意的难堪的研究，索性每次看电影都跑到'花楼'上去了。"[61] 所谓花楼,即是影院二楼包厢,须对号入座,票价多在 1 至 2 元,这在当时已属奢侈消费,故有人传言"鲁迅真阔气,出入汽车,时常看电影"。

　　郁达夫也是影院常客。1927 年郁达夫与王映霞恋爱,二人惯常的活动即是吃饭、看电影、喝咖啡、轧马路。许是为爱情所感,郁达夫在这一年 7 月发表的《电影与文艺》一文中宣称,"二十世纪文化的结晶,可以在冰淇淋和电影上求之",认为电影是合成各种艺术长处的集大成者,合乎近世社会主义的理想,"同冰淇淋一样的集成众美,使无产者以低廉的价格,在最短的时期里,得享受到无上的满足的,是近来很为一般都会住民所称道的电影"[62]。郁达夫喜欢看文艺电影,"为了这种癖好,甚至连极小的戏院也要设法寻觅着进去观看"。据北新书局总编辑赵景深回忆,一次他去虹口武昌路的武昌大戏院看贾克·珂根主演的《贼史》(根据英国小说家狄更斯作品改编),一回头"凑巧就遇见达夫和他的映霞坐在后排"[63]。

　　左联成立后,在党组织的号召下,大量左翼文人进入电影领域,成为电影人或影评人,看电影更是他们的职责所在。据茅盾发表在《东方杂志》和《申报·自由谈》中的影评文章分析,茅盾在 1933 年至少应当看过《火烧红莲寺》《啼笑因缘》《人猿泰山》《科学怪人》《蛮女天堂》《狂流》《城市之夜》《三个摩登女性》等影片。同年,茅盾的小说《春蚕》也经夏衍改编,由程步高导演拍成黑白默片,这是中国新文艺作品首次搬上银幕。

对于一些左翼电影人而言,影院还是极好的电影学校。司徒慧敏初入电影界时,因知识不足,常需要从书籍、放映的电影中学习相关技巧。当时北四川路的爱普庐电影院是从清晨到半夜一场接一场连续放映同一部影片,因此每当司徒慧敏发现某一部影片有可学习的地方时,就去这家电影院,带着面包从早到晚地反复看、反复记录。而在学习电影的剪接手法时,司徒慧敏甚至和"放映这些影片的北四川路的上海电影院的管理人和放映师商量好,每天电影散场以后,在放映台的倒片台上,一本本、一段段,有些地方一个镜头一个镜头地把画画构图,镜头的编辑次序,甚至把呎数、格数记录下来"[64]。正是通过这种看似笨拙的方式,司徒慧敏成为中国著名的电影技术家和导演。

民国是旧纲解纽,新纲渐立的时代,现代化发展不断催生出裂变。知识分子借新知识、新职业重获社会空间,而进步出版机构、书店以及咖啡馆、电影院等场域亦逐渐为左翼文人们构建起了新的生存地与社交网络。

注　释

1. 《鲁迅全集》第 12 卷，人民文学出版社 2005 年版，第 91 页。

2. 《茅盾回忆录》（上），华文出版社 2013 年版，第 299—300 页。

3. 李新宇、周海婴主编：《鲁迅大全集》（3），长江文艺出版社 2011 年版，第 603 页。

4. 郭沫若：《跨着东海》，史若平编：《成仿吾研究资料》，湖南文艺出版社 1988 年版，第 328 页。

5. 《创造社出版部广告》，《申报》1927 年 12 月 18 日。

6. 史若平编：《成仿吾研究资料》，湖南文艺出版社 1988 年版，第 341 页。

7. 冯乃超：《艺术与社会生活》，《文化批判》1928 年第 1 期，第 5 页。

8. 石厚生：《毕竟是"醉眼陶然"罢了》，《创造月刊》1928 年第 1 卷第 11 期，第 117 页。

9. 李初梨：《请看我们中国的 Don Quixote 的乱舞——答鲁迅〈醉眼中的朦胧〉》，《文化批判》1928 年第 4 期，第 8 页。

10. 郭沫若：《文艺战线上的封建余孽》，《创造月刊》1928 年第 2 卷第 1 期，第 8 页。

11. 钱杏邨：《死去了的阿 Q 时代》，《太阳月刊》1928 年第 3 期，第 2 页。

12. 《郭沫若选集》第 2 卷，四川人民出版社 1982 年版，第 50 页。

13. 柯华主编：《中央苏区宣传工作史料选编》，中国发展出版社 2018 年版，第 9 页。

14. 夏衍：《懒寻旧梦录》，中华书局 2016 年版，第 98 页。

15. 关于左联的具体人数，迄今尚无完善名录，各资料统计数据亦不尽相同。目前所见最多者为 496 人，其分布为总盟 248 人，北平左联 186 人，东京分盟 39 人，其他地区 23 人。详见《中国左翼作家联盟盟员续录》，《中国三十年代文学研究》，上海社会科学院出版社 1989 年版，第 92 页。

16. 冯雪峰：《回忆鲁迅》，人民文学出版社 1981 年版，第 44 页。

17. 夏衍：《懒寻旧梦录》，中华书局 2016 年版，第 106 页。

18. 夏衍：《懒寻旧梦录》，中华书局 2016 年版，第 106 页。

19. 许幸之：《中国美术运动的展望》，《沙仑月刊》1930 年第 1 卷第 1 期，第 25—26 页。

20. 《时代美术社对全国青年美术家宣言》，《拓荒者》1930 年第 1 卷第 3 期，第 9—10 页。

21. 乔丽华：《"美联"与左翼美术运动》，上海人民出版社 2016 年版，第 10 页。

注　释

22. 张以谦、蔡万江编:《耶林纪念文集》,山东文艺出版社 1988 年版,第 135 页。

23. 江丰:《鲁迅是中国左翼美术运动的旗手》,《美术》1980 年第 4 期,第 3—4 页。

24. 程步高:《国产影片调查录》,《紫罗兰》1926 年第 1 卷第 12 期。第 13—18 页。

25. 田汉:《影事追怀录》,中国电影出版社 1981 年版,第 2 页。

26. 田汉:《影事追怀录》,中国电影出版社 1981 年版,第 2 页。

27. 田汉等编:《中国话剧运动五十年史料集》(1),中国戏曲出版社 1985 年版,第 304 页。

28. 中国电影资料馆、中国电影家协会编:《百年司徒慧敏》,中国电影出版社 2010 年版,第 277—278 页。

29. 夏衍:《懒寻旧梦录》,中华书局 2016 年版,第 153 页。

30. 广播电影电视部电影局资料征集工作领导小组、中国电影艺术研究中心编:《中国左翼电影运动》,中国电影出版社 1993 年版,第 229—344 页。

31. 转引自徐明徽:《去北外滩探寻上海往事和海派文化》,《澎湃新闻》2020 年 5 月 14 日。

32. 朱联保编:《近现代上海出版业印象记》,学林出版社 1993 年版,第 6—7 页。

33. 周越然:《我与商务印书馆》,高崧选编:《商务印书馆九十五年》,商务印书馆 1992 年版,第 167 页。

34. 《茅盾回忆录》(上),华文出版社 2013 年版,第 161 页。

35. [美]裴宜理:《上海罢工:中国工人政治研究》,刘平译,商务印书馆 2018 年版,第 107 页。

36. 傅彦长(1892—1961),1917 年留学日本,1920 年留学美国,1923 年归国后任上海艺术大学、中国公学、同济大学等校教授,1926 年发起成立上海音乐会,任会长。

37. 马国亮:《良友忆旧:一家画报与一个时代》,生活·读书·新知三联书店 2002 年版,第 40 页。

38. 王延晞、王利编:《郑伯奇研究资料》,知识产权出版社 2009 年版,第 265 页。

39. 杜运通、杜兴海、黄景忠编:《我们社研究及精品选读》,花城出版社 2008 年版,第 98 页。

40. 《鲁迅全集》第 16 卷,人民文学出版社 2005 年版,第 40 页。

注　释

41. 康桥主编:《内山完造:魔都上海》,上海辞书出版社 2014 年版,第 141—142 页。

42. [日]内山完造:《鲁迅先生》,康桥主编:《内山完造:魔都上海》,上海辞书出版社 2014 年版,第 120 页。

43. [日]高纲博文:《近代上海日侨社会史》,陈祖恩译,上海人民出版社 2014 年版,第 184 页。

44. [日]高纲博文:《近代上海日侨社会史》,陈祖恩译,上海人民出版社 2014 年版,第 191 页。

45. 张伟:《近代日记书信丛考》,上海大学出版社 2019 年版,第 35 页。

46. 葛涛:《鲁迅生平与文稿考证》,安徽大学出版社 2017 年版,第 151 页。

47. [日]内山完造:《鲁迅先生》,康桥主编:《内山完造:魔都上海》,上海辞书出版社 2014 年版,第 119 页。

48. [日]内山完造:《鲁迅先生》,康桥主编:《内山完造:魔都上海》,上海辞书出版社 2014 年版,第 120 页。

49. [日]尾崎秀树:《三十年代的上海》,赖育芳译,译林出版社 1992 年版,第 21 页。

50. 李新宇、周海婴主编:《鲁迅大全集》(7),长江文艺出版社 2011 年版,第 107 页。

51. 郁达夫:《革命广告》,《语丝》1928 年第 4 卷第 33 期,第 45 页。

52. 李新宇、周海婴主编:《鲁迅大全集》(4),长江文艺出版社 2011 年版,第 342 页。

53. [日]村松梢风:《魔都》,徐静波译,上海人民出版社 2018 年版,第 176 页。

54. 袁培力:《萧红年谱长编》,陕西人民出版社 2019 年版,第 106 页。

55. 萧红:《鲁迅先生生活散记》,《文艺阵地》1939 年第 4 卷第 1 期,第 1223 页。

56. 史若平编:《成仿吾研究资料》,知识产权出版社 2011 年版,第 73 页。

57. 冯乃超、蒋锡金:《革命文学论争·鲁迅·左翼作家联盟——我的一些回忆》,《新文学史料》1986 年第 3 期,第 29 页。

58. 《鲁迅全集》第 12 卷,人民文学出版社 2005 年版,第 81 页。

59. 《鲁迅全集》第 5 卷,人民文学出版社 2005 年版,第 481 页。

60. 许广平:《鲁迅怎样看电影》,刘思平、邢祖文选编:《鲁迅与电影资料汇编》,中国电影出版社 1981 年版,第 170 页。

61. 许广平:《鲁迅怎样看电影》,刘思平、邢祖文选编:《鲁迅与电影资料汇编》,中国电

注　释

影出版社 1981 年版,第 167 页。

62. 吴秀明主编:《郁达夫全集》第 10 卷,浙江大学出版社 2019 年版,第 294 页。

63. 赵景深:《文人剪影　文人印象》,三晋出版社 2015 年版,第 9 页。

64. 中国电影资料馆、中国电影家协会编:《百年司徒慧敏——司徒慧敏诞辰百年版图文纪念集》,中国电影出版社 2010 年版,第 254 页。

参考

考

文

献

一、近代报刊

《创造月刊》。

《大众夜报》。

《大公报》。

《大陆》。

《东京留学界纪实》。

《洪水》。

《鹭江报》。

《女子世界》。

《沙仑月刊》。

《申报》。

《拓荒者》。

《太阳月刊》。

《外交报》。

《文化批判》。

《新民丛报》。

《新青年》。

《新闻报》。

《译书汇编》。

《游学译编》。

《语丝》。

《浙江潮》。

《政法学交通社杂志》。

《中国教会新报》。

《中国女报》。

《紫罗兰》。

二、传记、游记、回忆录、文集

卞孝萱、唐文权编：《辛亥人物碑传集》，团结出版社 1991 年版。

杜运通、杜兴海、黄景忠编：《我们社研究及精品选读》，花城出版社 2008 年版。

冯雪峰：《回忆鲁迅》，人民文学出版社 1981 年版。

冯自由：《革命逸史》，新星出版社 2016 年版。

傅祖熙、傅训成、傅训淳：《傅云龙传》，浙江古籍出版社 2003 年版。

高拜石：《新编古春风楼琐记》，作家出版社 2003 年版。

广东社会科学院历史研究室、中山大学历史系孙中山研究室编：《孙中山全集》，中华书局 1981 年版。

郭沫若：《创造十年》，人民文学出版社 1979 年版。

《郭沫若全集》，人民文学出版社 1992 年版。

郭庶英：《我的父亲郭沫若》，辽宁人民出版社 2011 年版。

胡光麃：《波逐六十年》，联经出版事业公司 1992 年版。

何卓恩：《胡适文集》（社会卷），长春出版社 2013 年版。

《黄遵宪集》，天津人民出版社 2003 年版。

康桥主编：《内山完造：魔都上海》，上海辞书出版社 2014 年版。

李筱圃：《日本纪游》，湖南人民出版社 1983 年版。

李新宇、周海婴主编：《鲁迅大全集》，长江文艺出版社 2011 年版。

罗仲全编著：《中共一大代表李汉俊》，四川人民出版社 2000 年版。

马国亮：《良友忆旧：一家画报与一个时代》，生活·读书·新知三联书店 2002 年版。

《茅盾回忆录》，华文出版社 2013 年版。

梅州市政协文史资料委员会、大埔县何如璋研究会合编：《梅州文史·第六辑·何如璋专辑》，1992 年。

《瞿秋白散文名篇》，时代文艺出版社 2010 年版。

天津师范大学、天津市中共党史会编：《纪念孙中山诞辰 140 周年文集》，天津古籍出版社 2006 年版。

田汉：《影事追怀录》，中国电影出版社 1981 年版。

王韬：《漫游随录・扶桑游记》，湖南人民出版社 1982 年版。

（清）王之春：《谈瀛录》，岳麓书社 2016 年版。

《王之春集》，岳麓书社 2010 年版。

吴秀明主编：《郁达夫全集》，浙江大学出版社 2019 年版。

夏衍：《懒寻旧梦录》，中华书局 2016 年版。

《徐兆玮日记》，黄山书社 2013 年版。

丁凤麟、王欣之编：《薛福成选集》，上海人民出版社 1987 年版。

阎焕东编著：《郭沫若自叙》，山西教育出版社 1986 年版。

郁达夫：《春风沉醉的晚上》，四川人民出版社 2022 年版。

袁培力：《萧红年谱长编》，陕西人民出版社 2019 年版。

张德彝：《张德彝欧美环游记》，湖南人民出版社 1981 年版。

张以谦、蔡万江编：《耶林纪念文集》，山东文艺出版社 1988 年版。

赵景深：《文人剪影　文人印象》，三晋出版社 2015 年版。

中国电影资料馆、中国电影家协会编：《百年司徒慧敏——司徒慧敏诞辰百年版
图文纪念集》，中国电影出版社 2010 年版。

钟叔河主编：《走向世界丛书：甲午以前日本游记五种》，岳麓书社 1985 年版。

周作人：《知堂回想录》，安徽教育出版社 2008 年版。

朱正编：《名人自述》，东方出版社 2009 年版。

《鲁迅全集》，人民文学出版社 2005 年版。

三、资料集

陈颂声、李伟江等编：《创造社资料》，福建人民出版社 1985 年版。

杜运通、杜兴海、黄景忠编：《我们社研究及精品选读》，花城出版社 2008 年版。

高崧编选：《商务印书馆九十五年》，商务印书馆 1992 年版。

柯华主编：《中央苏区宣传工作史料选编》，中国发展出版社 2018 年版。

鲁迅研究室编：《鲁迅研究资料》，文物出版社 1977 年版。

璩鑫圭、唐良炎编：《中国近代教育史资料汇编：学制演变》，上海教育出版社
1991 年版。

上海宋庆龄研究会：《宋耀如生平档案文献汇编》，东方出版中心 2013 年版。

史若平编：《成仿吾研究资料》，知识产权出版社 2011 年版。

田汉等编：《中国话剧运动五十年史料集》，中国戏曲出版社 1985 年版。

王延晞、王利编：《郑伯奇研究资料》，知识产权出版社 2009 年版。

刘思平、邢祖文选编：《鲁迅与电影资料汇编》，中国电影出版社 1981 年版。

广播电影电视部电影局资料征集工作领导小组、中国电影艺术研究中心编：《中国左翼电影运动》，中国电影出版社 1993 年版。

王云五、丘汉平、阮毅成等编：《私立中国公学》，(台)南京出版有限公司 1982 年版。

中国史学会编：《戊戌变法》，上海人民出版社 1957 年版。

四、研究著述

陈祖恩：《上海的日本文化地图》，上海锦绣文章出版社 2010 年版。

葛涛：《鲁迅生平与文稿考证》，安徽大学出版社 2017 年版。

郭延礼编著：《解读秋瑾》，山东教育出版社 2013 年版。

吕顺长：《清末中日教育文化交流之研究》，商务印书馆 2012 年版。

朴钟锦：《中国诗赋外交的起源与发展》，知识产权出版社 2014 年版。

乔丽华：《"美联"与左翼美术运动》，上海人民出版社 2016 年版。

舒新城：《近代中国留学史》，中华书局 1927 年版。

张伟：《近代日记书信丛考》，上海大学出版社 2019 年版。

张元济：《读史阅世》，新世界出版社 2012 年版。

中共上海市委党史研究室：《中国共产党上海史》，上海人民出版社 1999 年版。

中共中央党史研究室：《中国共产党历史·第一卷(1921—1949)》上册，中共党史出版社 2011 年版。

朱联保编：《近现代上海出版业印象记》，学林出版社 1993 年版。

[美]裴宜理：《上海罢工：中国工人政治研究》，刘平译，商务印书馆 2018 年版。

[日]村松梢风：《魔都》，徐静波译，上海人民出版社 2018 年版。

[日]高纲博文：《近代上海日侨社会史》，陈祖恩译，上海人民出版社 2014 年版。

[日]芥川龙之介：《爱情这东西》，黄悦生译，江苏凤凰文艺出版社 2018 年版。

[日]实藤惠秀：《中国人留学日本史》，谭汝谦、林启彦译，生活·读书·新知三联书店 1983 年版。

[日]松浦章：《海上丝绸之路与亚洲海域交流：15 世纪末—20 世纪初》，孔颖编译，大象出版社 2018 年版。

[日]尾崎秀树:《三十年代的上海》,赖育芳译,译林出版社 1992 年版。

五、论文

宋庆龄:《我家和孙中山先生的关系》,《党的文献》1994 年第 5 期。

陈有康:《中日文学交流中的诗词唱酬问题》,《学术探索》2009 年第 5 期。

冯乃超、蒋锡金:《革命文学论争·鲁迅·左翼作家联盟——我的一些回忆》,
《新文学史料》1986 年第 3 期。

尚明轩:《孙中山与日本的几个问题》,《贵州社会科学》1994 年第 3 期。

萧红:《鲁迅先生生活散记》,《文艺阵地》1939 年第 4 卷第 1 期。

后

记

中国近代留日运动汹涌澎湃，高潮迭起，留学人数多，持续时间长，影响范围广。诸多归国留日生密布于清末民国时期的政、法、军、学各界，在中国近代文化及社会变革中占有举足轻重的地位。

　　最早接触这一群体是在2007年。当时，尚在华东师范大学攻读博士学位的我正为毕业论文选题苦恼，恩师熊月之向我指出清末留日法政生尚有不少学术空白可以研究，并将多年积累的资料无私提供给了我。在恩师的鼓励和帮助下，我最终以清末"留日法政速成科"学生群体为研究方向，历时五年，于2012年顺利获得了历史学博士学位，进入了上海对外经贸大学马克思主义学院工作。

　　对于辛苦数年写就的博士论文，原也想尽快出版，但其后每每重读，都觉疏漏之处仍多，愈加不敢仓促付梓，总想再改一改，再完善一些。此后，随着工作性质和研究方向的变化，以及儿子的出生，琐事逐渐缠身，出版之事遂拖延下来。但近代留日学生群体仍常萦绕于脑中，每当发现新的资料都不禁欣喜异常，不禁要记录下来，以备修改之用。正因如此,当 2020 年七八月间,熊老师打电话嘱我写一本近代留日学生与北外滩关系的书稿时,我便一口应承了下来。其后便是 11 月中旬在虹口区地方志办公室召开的项目推进会,也借此结识了虹口区地方志办公室的相关领导和学林出版社的胡雅君编辑。

写作过程一波三折,出版社对书稿的要求是通俗易懂,且要突出相关人物与上海尤其是北外滩的关系。但将枯燥的文史资料用浅白语言写出并不似我想象的简单,且近代留日生人数众多,人物、事迹难以取舍,加之新冠疫情肆虐,查找资料亦颇费周折,致书稿写作时断时续。每次接到胡雅君女士亲切、礼貌的催稿信息时,都赧颜汗下。一夜,在读史料时,看到近代著名出版家赵家璧先生所记一段趣事。1932 年,年轻的赵家璧为编辑“良友文学丛书”,在郑伯奇引荐下赴郁达夫家约稿,后者爽快地答应了。郑伯奇随即便叮嘱赵家璧,要向郁达夫“勤加催问”,因为“有些作家的书,就是被编辑逼出来的”。读毕不禁莞尔,心想胡女士深得名家真传,“催稿”一定是优秀编辑的必备功夫。

书稿迁延日久,但仍有诸多不如意之处,书中所举实是挂一漏万,不足之处尚乞阅者见谅。感谢熊老师和学林出版社为我提供撰写这本书的机会,让我对近代留日生群体又多了一些了解。感谢虹口区地方志办公室百忙之中对书稿的审读及提出的宝贵意见。感谢我工作的上海对外经贸大学马克思主义学院的诸位领导,你们的宽容和帮助使我能够一直保留自己的兴趣。最后,感谢我的家人,你们的陪伴永远是我最大的动力。

人生已过不惑年,却仍有诸多疑惑待求解。愿未来的日子里,能始终保持着对学术的敬畏与初心,抒我所思,写我所想。

翟海涛
2023 年 12 月于松江佘山

图书在版编目（CIP）数据

赴日 / 翟海涛著 . —上海：学林出版社，2023
　（爱上北外滩 / 熊月之主编 . 睁眼看世界）
　ISBN 978-7-5486-1949-9

　Ⅰ . ① 赴… 　Ⅱ . ① 翟… 　Ⅲ . ① 留学教育—教育史—中
国—近代 　Ⅳ . ① G649.295

中国国家版本馆 CIP 数据核字（2023）第 154218 号

责任编辑	胡雅君　陈天慧
特约审读	完颜绍元　茅伯科　陆秉熙
整体设计	姜　明

爱上北外滩·睁眼看世界

赴日

熊月之　主编
翟海涛　著

出　　版	**学林出版社**
	（201101　上海市闵行区号景路 159 弄 C 座）
发　　行	上海人民出版社发行中心
	（201101　上海市闵行区号景路 159 弄 C 座）
印　　刷	上海颛辉印刷厂有限公司
开　　本	890×1240　1/32
印　　张	8.75
字　　数	21 万
版　　次	2024 年 2 月第 1 版
印　　次	2024 年 9 月第 2 次印刷
ISBN 978-7-5486-1949-9/K·239	
定　　价	68.00 元